행복우선순위 창업가이드

망하지
않는 게
목표입니다

행복우선순위 창업가이드

망하지 않는 게 목표입니다

초판 1쇄 인쇄 | 2020년 1월 10일
초판 1쇄 발행 | 2020년 1월 20일

지은이 | 박희종
펴낸곳 | 메이드인
등 록 | 2018년 3월 5일 제25100-2018-000014호
주 소 | 서울특별시 은평구 연서로10길 15-6
전 화 | 070-7633-3727
팩 스 | 0504-242-3727
이메일 | madein97911@naver.com
ISBN | 979-11-90545-00-6 03320

＊이 도서는 한국출판문화산업진흥원의 '2019년 출판콘텐츠 창작 지원 사업'의 일환으로
  국민체육진흥기금을 지원받아 제작되었습니다.

행복우선순위 **창업**가이드

망하지 않는 게 목표입니다

박희종 지음

MADE IN

내가 20대 중반, 겁 없이 창업을 시작하던 시절 나의 생각이었다.

망해도 된다.

망하자.

그래도 배울 게 있을 것이고, 젊음이 나를 회복시켜 줄 것이다.

나는 실제로 망했다. 어떤 부분에 있어서 얼마나 망한건지는 점차 말하겠지만 나는 내 기준으로 망했다. 그리고 다행히 많은 것을 배웠다. 그리고 지금 이렇게 나름의 삶으로 살아갈 만큼 회복했다. 하지만 그렇다고 해서 그 당시의 망함이 옳지는 않다. 만약 지금 다시 내가 창업을 한다면 나는 절대 망하지 않는 창업을 할 것이다. 어떻게 해서든 망하지 않으려고 노력할 것이다. 이유는 '망함'

은 정말 많이 슬프고 힘들고 어렵고 그래서 가능하면 경험하지 않는 게 무조건 좋기 때문이다.

창업에 대한 수많은 책이 있다. 대부분은 성공을 이야기하고 대박의 비법을 알려준다. 실제로 내가 읽어본 몇몇 책들은 아주 좋은 방법을 제시하고, 훌륭한 창업의 노하우를 전수해주었다. 내가 창업에 대한 책을 쓴다고 할 때 사람들은 당연히 성공한 방법을 쓸 것이라고 생각했다. 나의 경험만은 아니어도 내가 보아온 수많은 성공한 이들의 방법을 토대로 잘 정리하고 분석해준다면 꽤 좋은 책을 쓸 수 있을 것이라고 생각했기 때문이다.

하지만 내가 글을 쓰기 시작할 때 정작 내 뒤통수를 잡아 끄는 것은 성공한 이들의 빛나는 성공담이 아니라, 망하는 사람들의 아픔이었다. 아마도 나 스스로 경험했던 쓰라린 기억 때문일 것이다(다시는 경험하고 싶지 않다).

난 지금부터 망하지 않는 법에 대한 글을 쓰고자 한다. 어쩌면 다른 책들과 같은 이야기를 하고 있을 수도 있고, 너무 다른 이야기를 하고 있을 수도 있다. 하지만 나의 목적은 하나다.

"이 책을 읽고 창업을 하시는 분들은 망하지 않았으면 좋겠다."

"이 책을 읽고 두려워서 창업을 포기해도 좋겠다."

망하지만 않을 수 있다면, 현명한 포기도 나는 옳다고 생각한다. '망함'은 아무리 각오를 해도 치명적일 수 밖에 없는 슬픈 사건이기 때문이다.

창업은 삶이다. 과거의 우리의 아버지들은 직장이 삶이라고 말하곤 하셨다. 평생직장이라는 곳에서 가족보다 더 많은 시간을 보내는 동료들과 젊음을 바쳤던 직장은 그들의 삶이었다. 하지만 지금은 누구도 직장이 삶이라고 말하지 않는다. 워라벨이 중요하다고 말하고 퇴근 후의 삶이 중요해졌다. 이제 그 누구도 나의 직장이 나의 삶이 되지 않는다.

하지만 창업은 삶이다.

모든 것을 걸고 시작하기 때문이다. 나의 자산·나의 채무·심지어 나의 가족이나 지인의 자산까지 빌려서 시작하는 경우도 많다. 그리고 투자하는 자원은 단순히 경제적인 부분만이 아니다. 창업을

마음먹는 순간부터 퇴근도 주말도 없다. 알아보고, 고민하고, 알아보고, 고민하고, 무엇인가 결정하기 전부터 결정하고 난 후에도 온전히 맘놓고 쉬고 있을 수가 없다. 내 사업이고 내 미래이고 내 전부이기 때문이다.

그래서 망하면 안 된다, 절대! 창업은 내 삶이기 때문에 나의 인생이기 때문에 절대 망해서는 안 된다. 무슨 수를 써서라도 망하지는 말자. 어떻게 해서는 포기하게 되는 상황까지는 가지 말자. 길지 않은 이 책을 읽으면서 나는 어떻게 하면 망하지 않고 행복한 창업을 할 수 있는지 함께 고민했으면 좋겠다.

찬란한 성공의 빛을 보고 힘차게 나아가는 걸음걸음도 좋지만, 한 발 한 발 두드려가며 건너는 돌다리도 한 번뿐인 인생의 나의 창업에는 필요하기 때문이다.

CHAPTER
3

행복하게 창업하자

175

내 몸의 상태도 사업의 중요한 체크 포인트이다.
아무리 빛나는 성공을 거둔다고 해도 그로 인해
건강을 잃었다면 나는 망한 것이라고 말한다.

치열하게
고민하자

창업의 'Why'는 굉장히 중요하다.
왜 창업을 했는지, 그 이유가 결국 일에서
인과관계로 펼쳐지기 때문이다.

'망함'의 조건

많은 사람이 창업을 고민하고 시작하는 때다. 사업을 시작해서 승승장구하면 좋겠지만, 그만큼 폐업률도 높다. 사업을 어렵게 생각하는 사람이 가장 부담스러워하는 건 자금과 시간 등 내가 가진 많은 것을 투자하고 아무것도 돌려받지 못하는 상태를 두려워하는, 한마디로 '망하지 않을까' 하는 걱정 때문이다. 우리는 '망함'에 알아볼 필요가 있다.

우리가 흔하게 생각할 수 있는 망함의 기준은 아마도 금전적인 부분일 것이다. 쉽게 말해서 투자금 대비 회수 비율 혹은 감가상각을 고려한 월 손익의 경계, 즉 마이너스가 발생하면 망하는 징조로 보고 보통 마이너스를 다시 플러스로 돌릴 가능성이 없어지거나 마이너스를 감당할 여유가 없을 때 우리는 스스로 망했다고 인정한다. 이런 상황은 누가 뭐라고 해도 명백한 '망함'이다.

하지만 창업에서 '망함'은 금전적인 것에서만 국한되지 않는다. 경제적으로 풍족해도 망한 인생은 얼마든지 많기 때문이다. 그러니 '망함'의 종류를 알아보자.

1. 경제적 망함

서두에서 말한 것과 같이 경제적 망함은 기본적으로 마이너스를 기준으로 한다. 투자 대비 손실이 발생하기 시작하거나 매출대비 손익이 발생하지 않아서 말 그대로 손해를 보는 상황을 이야기한다. 다만 모든 마이너스를 망하고 있다고 이야기하지는 않는다. 사업의 여러 과정에 있어서 투자하는 기간이나 관망하는 기간 혹은 일정 사건이나 이슈로 인해 일시적인 현상이라고 판단된다면 우리는 기다릴 수 있다. 하지만 그 기다림의 시간이 나의 경제적 자산의 규모로 감당할 수 없는 시간이 되면 망한 거다. 또한 그러한 이유도 없이 새로운 기대나 희망이 없이 마이너스가 발생되고 있다면 그역시 망한 거다. 경제적 망함의 가장 다행인 점은 스스로의 인지에 따라서 그 피해를 최소화할 수도 있다는 것이다. 즉, 망할 것 같다는 이상징후만 잘 인지하고 그에 따른 선택만 잘해도 최소한의 피해로 빠져나올 수도 있다는 것이다. 하지만 대부분은 그렇게 쉽지는 않다. 대부분의 사람들이 이미 모든 것을 걸고 부푼 희망을 안고 창업을 시작했기 때문에 이성적인 판단 능력이 흐려지게 된다. 심지어 나의 기대와는 다르게 부정적인 상황이 펼쳐지고 있다면 더욱 그렇게 되는 것이다. 그래서 전조현상이 나타나고 그걸 인지해도, 해결책을 제대로 마련하지 못하거나 현명하지 않은 방법을 실행하는 경우가 많다. 예를 들어 이탈리안 레스토랑에서의 볶음밥, 카페에서 나오는 돈가스, 설렁탕 전문점에 등장하는 감자탕 등이다.

그래서 경제적 망함의 기준은 시작하기 전에 미리 정하는 것이 좋다. 물론 쉽지 않겠지만 만일의 상황을 대비하여 나의 기준을 잡는 것이다. 그 기준은 단순하게 말하는 마이너스의 기준이 아닌 손익 수준으로 정하는 것이 맞다. 투자금액과 업종의 특성을 고려하여 일 매출의 목표치를 잡고 노력하되 일정기간 동안 일정 수준의 매출을 발생시키지 못할 경우 포기하겠다는 망함의 기준이 필요하다는 뜻이다. 만약 이런 기준이 없을 경우 마이너스가 나기 시작해서 폐업을 준비하기까지 너무 많은 손해를 감당하게 될 수 있다. 그렇게 되면 이미 발생한 손실로 인해 새로운 시작을 계획하기도 힘들고, 폐업의 후조치마저 버겁게 되는 경우가 대부분이다. 그렇기 때문에 사업은 실패해도 다른 일을 시작할 수 있는 선에서 현명하게 정리해야 한다.

투자금액 : 2억

월 예상 지출 : 1200만원

손익 분기 매출 : 일 50만원, 본인 인건비 포함

목표 매출 : 일 150만원

폐업 매출 조건 : 일 60만원 이하 2개월 이상 지속

경제적 망함의 데미지를 가장 적게 하는 것은 포기하는 순간의 타이밍을 아는 것이다. 막연한 미련의 끈을 잘라버릴 수 있는 냉정한 조건을 미리 설정하는 것이 망하고도 망하지 않는 방법이다.

2. 신체적 망함

창업은 24시간이 모두 나의 시간이자 노동시간이다. 직장생활의 극단적인 스트레스로 인해 창업을 선택한다면 잘못된 답을 찾은 것일 수도 있다. 우리가 흔히 군대가 힘들다고 말하는 것은 각개전투나 유격훈련, 준비태세가 힘들다고 하는 것이 아닌 그 모든 훈련을 받고 집이 아닌 내무반으로 가야 한다는 사실이다. 즉, 훈련은 끝나도 군생활은 끝나지 않기 때문에 힘들다고 하는 것이다. 어쩌면 동일한 부분일 수도 있겠다. 분명히 영업시간이 존재하기 때문에 문을 닫은 후 나의 시간이 있지만, 창업자의 시간은 영업종료와 함께

범주지 않는다. 영업이 잘되든 안 되든 해야 할 일과 고민해야 할 일들은 항상 넘쳐나고, 그래서 잠에 들지 못하거나 잠을 설치는 경우도 허다하다. 심지어 이런 생활 패턴은 수면뿐만이 아니라 식습관도 바꾼다. 끼니를 거르거나 몰아서 폭식을 하는 경우가 많아지고, 여러 가지 이유로 술이나 담배가 늘기도 한다. 아침마다 출근을 하지 않는 삶이지만, 아침마다 출근하는 직장인의 삶을 부러워하게 되기도 한다.

신체적 망함은 결국 건강을 잃는 것이다. 이 신체적 망함은 경제적 망함과 연관성이 강하지 않다. 경제적으로 망한다고 신체적으로 같이 망하는 것도 아니고, 경제적으로 흥한다고 해도 신체적으로 성공하는 것은 아니라는 말이다. 장사가 잘되면 바쁘다는 핑계로 건강을 챙기지 못하는 경우도 많고, 안되면 안되는 대로 다시 일으켜 보고자 무리하거나, 인건비를 줄이겠다고 근무시간을 늘리거나 심리적 부담감에 몸이 상하는 경우도 있다. 그리고 그렇게 무리해서 몸이 망가지기 시작하면 나의 심리도 무너져서 사업자체에 부정적인 영향을 주기도 한다. (결국 관계적 망함에도 연관이 있다.)

내 몸의 상태도 사업의 중요한 체크 포인트이다. 아무리 빛나는 성공을 거둔다고 해도 건강을 잃었다면 나는 망한 것이라고 말한다. 정말 장사가 잘되는 상황에도 어쩔 수 없이 가게를 넘기는 수많은 사장님들을 만났다. 그들은 대부분 지쳤다는 말로 신체적 망함을 표현한다. 그렇게 가게를 접고 건강을 되찾아서 다시 돌아와 새로 시작하는 경우도 있지만, 결국 다시 같은 길을 가게 된다. 원인을 명확하게 찾지 못한 채, 피하고 다시 오는 것은 같은 결과만 만들어 낼 뿐이다. 성공은 건강한 성공만이 존재한다. 왜냐하면 기본적으로 성공의 조건은 부를 누릴 수 있는 건강이 전제되어 있어야 하기 때문이다.

3. 관계적 망함(심리적 망함)

내가 많은 창업자들을 만나다 보면 가장 많이 듣는 이야기가 외롭다는 말이다.

"돈은 많이 벌었는데 사람이 없어, 편하게 술 한잔 할 친구가 없더라고."

"진짜 열심히 살았는데 지금 보니까 애들하고 보낸 시간이 없어. 아이 졸업식을 한번 못 갔더라고."

나는 창업을 성공하기 위해 진짜 열심히 일하면서 살았는데 결국은 내 주위에 아무도 안 남았다는 말을 나의 창업의 과정이 원활하지 못했다는 말로 해석한다. 열심히 일한 것도 돈을 많이 번 것도 그 하나만으로는 성공했다고 말할 수 없기 때문이다. 창업은 아무리 작은 규모로 할지라도 내 주변의 많은 인간관계들이 없어지고 생기고 변화하곤 한다. 그리고 그 관계를 잘 관리하지 않으면 어느새 정말 차가운 비즈니스 관계만 남게 된다. 나의 창업 경험에서 가장 무서웠던 것은 창업을 하는 순간 인간관계가 정말 무섭게 변한다는 것이다. 기본적으로 매장에 몸이 메이기 시작하면서부터 친목 모임은 대부분 참석을 못하게 되고, 만약 고맙게도 많은 사람이 내 매장으로 찾아와서 나를 본다고 해도, 그들의 일상적인 동선에 나의 매장이 있지 않는 이상 오래 가지 못한다. 결국 나는 내 주변에 있는 새로운 사람들과 새로운 관계를 만들어야 하는데 그 역시 여러 가지 이해 관계들로 인해 편하지 않은 것이 사실이다. 게다가 가족 역시 고정적인 근무시간이 없다 보니 약속을 하기도 지키기도 어려워져서 자꾸 서운해하다가 점점 서먹해지고 이내 어색해지고 만다.

물론 그런 관계는 상관없이 나의 사업에만 집중하면 된다고 말할 수도 있지만, 결국에는 스스로의 가치에 대해 고민하게 된다.

"나는 왜 이 고생을 하고 있지?"

관계가 건강하지 않은 성공은 그 성공을 자랑할 곳이 없다. 자랑할 곳이 없다는 말을 나에게 고생해다 수고했다고 위로해줄 사람도 없다는 뜻이다. 큰 성공을 이루지는 못했다고 해도 그 과정이 행복했고 많은 사람과 즐거운 추억을 보낼 수 있었다면 나는 성공했다고 생각한다. 특히, 극단적으로 망했다고 하더라고 그 관계들이 건강하다면 심적인 위로뿐만이 아닌 많은 방식의 도움으로 새로운 시작을 꿈꿀 수도 있다.

반대로 경제적으로 아무리 성공을 했다고 해도 내 마음이 행복하지 못하다면 나는 망한 것이라고 생각한다. 우리는 항상 행복한 삶을 꿈꾼다. 그리고 그 행복의 청사진은 그 누구도 자기 혼자만 있는 그림은 아닐 것이다. 성공만 하면 모든 것이 좋아질 것이라는 기대는 대학만 가면 살이 빠지고 예뻐진다는 말도 안 되는 희망고문이나 마찬가지다.

성공은 함께하는 것이다. 나의 가족과 나의 친구들과 나의 직원들과 하나하나 오려붙여서 만드는 모자이크 같은 것이다. 그래야만 성공한 나의 마음에 외로움이 살지 않게 된다. 나는 관계가 틀어져 버린 성공도 나 스스로 행복을 느끼지 못하는 성공도 성공이 아니라고 확신한다. 세상에 아무리 돈이 많아져도 혼자 앉아 있는 돈방석은 전혀 편하지 않다는 것을 명심해야 한다.

02

창업은 앞으로의 삶을 뒤바꾼다

　나의 첫 창업은 약 15년 전 일이다. 지금이야 청년창업이라는 말이 흔하지만, 당시엔 보기 드문 일이었고 주변 점포 사장님들에게 우리는 참 당돌하고 신기한 젊은이들이었다. 갓 제대한 복학생 신분이던 나는 원래 신문방송학을 전공했지만, 동아리 활동으로 접했던 연극의 매력에 점점 빠져들어 대학원에서 연극에 대해 더 공부해보고 싶었다. 하지만 우리 집은 아들을 대학교 4년에 더해 대학원 3년을 또 보낼 만큼 여유가 있는 형편이 아니었다. 한 번도 대학원에 가겠다는 의지를 꺾은 적이 없었지만, 학비를 마련할 길은 딱히 없었다.

　그러던 중 직업군인으로 복무하다 휴가 나온 친구를 만났고, 며

칠간 의미 없이 시간을 보내던 중 다른 친구 하나까지 합세해 셋이 모이게 되었다. 이런저런 얘기 중에 군인 친구가 자기 부대 앞에 PC방이 아주 잘되니 한번 차려보고 싶다는 말을 꺼냈다. 혼자는 어려우니 함께 동업을 하고 번갈아 가며 일을 하면 좋지 않겠냐는, 진담 반 농담 반으로 던진 그 이야기를 나는 기회라고 생각했다. 내가 조금 더 진지하게 그 제안에 살을 붙여나갔고, 당시 가업을 배우던 다른 친구도 가볍지 않게 받아들였다. 좋은 생각이었지만 현실적으로 포천에 있는 그 친구의 부대 근처까지 출·퇴근도 어렵고, 숙박도 싫었다. 하지만 이것이 우리 세 친구의 열정에 불을 붙였다.

나는 어차피 셋이서 창업을 한다면 굳이 포천 군부대 앞보다는 지금 우리가 만난 이 동네에서 시작하는 건 어떻겠냐고 제안했고, 그렇게 우리는 술을 마시다 말고 바로 PC방에 가서 동네 가게 자리를 찾아보기 시작했다. 너무 젊어서였는지, 아무것도 몰라 무모해서였는지 우리는 순식간에 의지가 불타올랐고 미친 듯이 창업에 뛰어들기 시작했다. 인터넷을 돌아보며 어떤 장사를 할까 고민을 하다가, 우리가 지금 자주 가는 술집처럼 가볍고 맛있는 호프집을 하자는 것으로 의견을 모았다. 그때부터 우리가 어릴 때부터 항상 놀던 성신여대 근처 돈암동 상권을 중심을 점포를 알아보고, 직접 부동산을 돌아다니며 구체적인 계획을 잡았다. 두 친구는 그동안 모은 돈을 투자했고, 나는 대학원 등록금으로 쓰려고 아르바이트를 하며 모은 돈에 부모님께 빌리기도 해서 함께 야심 차게 뛰어들었다. 파란만장한 사건들이 펼쳐졌지만, 결과적으로 우리는 창업에 성공했다.

우리의 창업 동기는 단순했다.

나(학생) – 돈을 벌어서 대학원을 가자.
친구(군인) – 군대에서 번 돈을 조금 더 불려보자.
친구(가업) – 이제 나도 내 장사를 해보자.

세 사람이 동업해서 가게 하나를 오픈하는 것이지만, 세 사람 각자 창업의 이유가 명확하게 달랐다. 동업자들의 창업 이유가 반드시 같아야 할 필요도 없고, 같을 수도 없다. 하지만 선택을 해야 할 때 각자의 판단이 다르니 그로 인해 갈등이 생기게 된다.

우선 내가 창업한 이유는 학업을 이어가는 수익을 버는 것이기 때문에 학업이 우선이었다. 그러니 하루 대부분을 매장 밖에서 보냈고, 나머지 시간엔 모두 매장에서 운영을 도왔다. 그러다 보니 나도 모르게 명의나 운영 등 많은 부분을 다른 친구에게 의지했다. 나는 내가 할 수 있는 일이나 다른 친구들보다 그나마 내가 더 잘할 수 있는 일만 골라서 하게 되었다. 물론 나의 의지나 역할 비중이 작은 건 아니었지만, 자꾸 남의 일을 도와주는 태도가 되어갔다.

가업을 배우던 친구는 자기 장사를 해보는 것이 창업의 "Why"였다. 그렇기에 모든 것을 쏟아부었다. 그 친구는 창업준비과정부터 하던 일을 관두고 본격적으로 뛰어들었고, 사업 명의부터 창업과정 전반과 매장 운영도 주도적으로 진행했다. 물론 우리는 사전에 역할 분담을 하고 그 친구에 대한 보상을 약속했지만, 창업이라는 것이 그렇게 계획대로 되는 것은 아니었다. 결국 업무 비중이 공평하지 않았고, 그에 대한 보상도 적절하지 않았다(이 문제가 나중에 심각한 갈등이 되고 말았다).

군인 친구는 창업 비용은 똑같이 분담했지만, 창업 과정이나 매장 운영에는 많이 참여하지 못했다. 제대하고 복학한 뒤에는 학교가 멀어서 매장에 주말에만 오게 되었다. 그러다 보니 자연스럽게 동업자보다는 투자자의 역할이 되었다.

이렇듯 창업의 "Why"는 굉장히 중요하다. 왜 창업을 했는지, 그 이유가 결국 일에서 인과관계로 펼쳐지기 때문이다.

학생인 나 – **학업을 위한 창업** – 서포터
군인인 친구 – **모은 돈의 재테크** – 투자자
가업을 배우던 친구 – **나만의 창업 계획** – 창업자

나는 왜 창업을 하고자 하는가?

창업을 위한 나만의 "Why"를 찾을 때, 충분히 고려해야 하는 것이 바로 과정과 환경이다. 즉 창업을 할 때 단순히 결과만을 목표로 한다면 그 과정에서 많은 문제를 간과할 수 있다.

예를 들어 "나는 창업을 해서 부자가 될 거야"라고 한다면, 그 과정에서 일하는 시간을 늘리고 사업에만 몰두해 가족에게는 무관심해져서 사이가 멀어지기도 하고, 불법적이거나 비윤리적인 방법을 사용해서 주변 사람들을 실망하게 만들기도 한다. 특히 의욕적인 창업자들일수록 성공에 대한 열망이 강하고, 그 열망이 강할수록 가족이나 주변 사람들과의 관계를 망쳐버리기 쉽다. 자기 인생의 궁극적인 목표를 세우고 그 과정까지 계획해보는 것이 중요하다.

이미 창업해서 매장을 운영하시는 분들께 물어보면 비슷한 답변이 돌아온다.

"왜 창업을 하셨습니까?"

"잘 먹고 잘살려고요."

"잘 먹고 잘살기 위한 다른 방법도 있을 텐데 왜 창업을 하셨습니까?"

이때부터 대답을 어려워하는 분들이 많다. 가끔은 이렇게 대답하시는 분들도 계신다.

"가족들이랑 행복하게 살려고요."

이런 대답의 경우 나는 다시 다르게 물어본다

"그럼 지금 행복하십니까?"

대부분은 여기서 말이 막힌다. 물론 아직 성공하지 못했기 때문에 "나중에 행복해지기 위해서"라고 이야기하는 분들도 있다. 하지만 과정이 행복하지 못하면 결과도 행복할 수 없다.

만약 내가 처음 창업을 했던 그 시절, 내 창업의 이유가 조금 달랐다면 나는 어쩌면 지금도 장사를 하고 있을지도 모르겠다. 하지만 그 당시 내 창업의 이유는 학업이었고, 그 학업이 마무리되는 순간 창업의 이유도 사라졌다.

지금 만약 창업을 준비하고 있다면 지금이라도 늦지 않았으니 스스로 질문하고 답을 찾아보길 바란다.

"나는 왜 창업을 하려고 하나?"

"왜 꼭 창업이어야만 하는가?"

이 질문의 답을 찾는 것이 건강하고 행복한 창업의 시작이라고 생각한다. 그리고 그 질문의 답에는 반드시 과정과 환경이 포함되어 있으면 한다.

"나는 가족과 금전적으로 여유 있는 생활을 하고 싶습니다."

이런 이유라면 내가 원하는 여유 있는 생활의 기준을 잡고, 그만큼의 수익을 낼 수 있는 아이템과 창업 방향을 결정할 수 있을 것이다. 특히 이런 경우는 금전적인 목표치가 분명해야만 하며, 그 과정에서 생기는 희생은 그 기준을 달성함과 동시에 반드시 보상한다는 다짐을 동반해야 한다. 비록 그 목표치에 도달하지 못하더라도, 시간상 데드라인을 정해 희생의 한계를 설정해야 한다.

당연히 창업의 기본적인 전제조건은 수익창출이다. 다만 오직 수익만을 보고 달려가다 보면 놓치는 것이 많다. 물론 기본적으로 안정적인 수익만을 목표로 할 수도 있겠지만, 이유가 명확하고 노력의 방향이 분명한 경우 좋은 성과를 낼 가능성이 높다.

가장 좋은 것은 창업을 위한 명확한 목표겠지만, 구체적인 목표는 창업 아이템과 여러 상황에 따라 달라질 가능성이 크기 때문에 창업준비를 완료하고 나서 그 목표를 작성하는 것이 순서상으로는 좋다. 다만 많은 투자와 커다란 리스트를 안고 시작하는 것은 누구에게나 마찬가지일 것이다. 창업 시작 단계에서 "Why"에 대한 답은 준비하고 시작해야 한다. 창업의 시작은 아이템이나 자본금보다도 먼저 "내가 왜 창업을 하고자 하는가?"에 대한 답을 찾는 것부터다.

"내가 창업을 하는 이유는 사랑하는 가족들과 더 많은 시간을 함께 보내기 위해서입니다."

이런 목표라면 수익도 기본적으로 보장되어야 하겠지만, 내가 일하는 시간과 가족과 보내는 시간의 비율이 아주 중요해진다. 그러므로 창업 아이템의 선정과 장소, 직원 구성부터 달라야 한다. 그리고 그 목표를 향한 과정에서 수많은 선택에 대한 답이 자연스럽게 나올 것이다. 또한 목표가 확실하기 때문에 수익과 시간 사이에서 고민할 때 항상 명쾌하게 결정할 수 있다.

04

창업을 통해 무엇을 바라는가?

　　"나는 왜 창업을 하려고 하는가?"의 질문에 답을 찾았다면 이제는 더욱 구체적인 목표를 설계하고 실행계획을 잡는 것이 중요하다. 두 번째 질문은 "내가 창업을 통해 바라는 것이 무엇일까?"이다.

　창업의 이유를 찾는 것이 앞으로 나아가는 방향을 찾는 것이라면, 구체적인 목표를 설정하는 것은 얼마나 힘을 들여 얼마나 나아갈 것인지를 계획하는 것이다. 창업의 이유가 삶의 여유나 행복 혹은 금전적인 가치라는 답을 찾았다면 그에 맞는 행동이 이어져야만 하고, 행동으로 이어지려면 구체적인 청사진이 필요하다.

　"행복하게 살고 싶어요."

"부자가 되고 싶어요."

"성공하고 싶어요."

사람들에게 창업의 목표를 물어보면 이렇게 단순하고 모호한 답을 이야기한다. 물론 이런 꿈은 쉽게 공감도 되고 야심 차게 보이기도 하지만, 나는 이렇게 모호한 목표들을 하늘의 떠 있는 달과 비교한다. 밤하늘에 떠 있는 달은 아주 예쁘다. 사람들은 큰 달을 보며 즐거워하기도 하고 가끔 달에 가보는 꿈을 꾸기도 한다. 하지만 그 누구도 달에 실제로 갈 수 있다고 생각하지는 않는다. 우주비행사들은 실제로 달에 가기도 하고 외국 기업에서는 달 여행 프로젝트를 기획하고 있다고는 하지만, 그래도 대부분의 사람에게는 꿈같은 이야기이다.

우리가 흔히 말하는 성공이나 부자라는 목표는 달과 같다. 그 단어 자체가 주는 긍정적이고 희망적인 느낌으로 꿈꾸는 것만으로도 잠시 흐뭇해질 수는 있지만, 꿈으로 남을 뿐이다. 우리가 바라보는 꿈은 이루고자 한다면 더욱 구체적인 계획이 필요하다.

이유: 달에 가서 아름다운 경치를 즐기면서

행복을 만끽하겠다.

↓

내가 달에 갈 수 있는 방법이 어떤 게 있을까?

↓

일반인 대상 달 관광 프로젝트를 기다리자.

↓

현재 기준 2025년 예상 경비는 1인당 200억원이다.

↓

달 여행 시작 후 10년 후쯤 되면

비용이 많이 줄어들 것으로 예상된다.

목표: 그러므로 2035년까지

달 여행 비용 30억원을 준비하겠다.

달이 예쁘다는 생각에서 출발해, 달에 가는 방법과 계획까지 세워졌다. 막연한 꿈은 꿈으로 끝나지만, 구체화된 꿈은 목표가 된다. 창업을 시작하는 시점에서 나는 이 창업을 통해서 내가 얻고자 하는 것에 대한 구체적인 계획을 세우는 것이야말로 꼭 필요한 단계라고 생각한다.

이유: 부자가 돼서 안정적이고 여유 있는 삶을 살고 싶다.

↓

어느 정도 재산이 있어야 부자로서

안정되고 행복한 삶을 살 수 있을까?

↓

월 수익이 3000만원 이상이어야 하고,

내가 건강하지 않을 때에도 수익이 발생해야 한다.

↓

목표: 강남의 5층 이상 건물주가 되어야 한다.

50대 이전까지 목표를 이뤄서

일생을 안정되고 행복하게 누리며 살겠다.

너무 허무맹랑하고 과도한 꿈이라고 생각할 수도 있다. 하지만 적어도 '부자'라는 모호한 말보다는 훨씬 더 구체적이고 명확하다. 목표를 구체화하며 그 목표가 현실적으로 실현에 대한 가능성 여부도 판단할 수 있고, 이 목표를 이루기 위해서 내가 해야 하는 노력들도 함께 구체화할 수 있다.

이번에는 좀 더 현실적인 상황을 생각해보자.

이유: 가족과의 행복한 시간을 보내며

경제적으로도 안정적인 생활을 누리고 싶다.

↓

내가 생각하는 가족들과의 행복한 시간과 경제적 안정의

구체적 조건은 무엇인가?

↓

가족과 함께 보낼 충분한 시간을 확보한다.

(평일 저녁 시간 보장, 주말/공휴일 보장,

자유로운 가족 여행 가능)

월 순수익 1000만원 이상을 달성한다.

↓

목표: _____

꿈을 이루기 위해서 어떤 아이템의 창업을 해야 하며, 투자금액은 얼마가 필요하고, 2년이라는 시간 동안 어떤 노력을 해야 하는지 구체적인 전략들이 나올 수 있다. 즉, 내가 창업을 통해서 무엇을 원하는지가 정리돼야만 다음 선택으로 자연스럽게 연결된다.

우리 주변이나 언론, SNS를 통해 알게 되는 수많은 성공한 사람들의 삶은 우리를 꿈꾸게 만든다. 하지만 대부분의 성공사례는 그 사람들의 단편적인 모습들이다. 하루 종일 그 사람을 따라다니며 성공의 비결을 찾는다고 해도 결국은 성공을 하고 나서의 모습이다. 결국 성공한 사람들의 결과만 바라보는 것일 뿐, 그 성공이 나에게도 이어지리라는 보장은 없다.

앞서 말한 것처럼 나의 목표나 내가 바라는 것은 성공한 그들과 다를 수밖에 없다. 성공한 사람들의 사례를 통해서 많은 것을 배울 수는 있겠지만, 창업은 내가 새롭게 답을 찾아야 하는 문제다. 다른 사람의 사례를 통해 힌트를 얻는 것은 중요하지만, 결국은 나의 답을 찾으려는 노력이 가장 중요하다. 그 노력이 "내가 왜 창업을 하려고 하는가?" "나는 창업을 통해서 무엇을 얻으려고 하는가?"에 대한 치열한 고민일 것이고, 그 고민을 통해 답을 찾았다면 현실로 만들기 위한 노력이 이어져야 할 것이다.

나는 이 책을 읽는 사람들 중에는 사장이라는 달콤한 호칭에 이끌려 창업을 꿈꾸는 순수한 철부지는 없다고 생각한다(그 정도의 순수함이라면 창업 관련 책을 살 생각도 없을 것이며, 선물받는다고 해도 읽는다는 노력을 하지 않을 것이기 때문이다). 창업의 시장의 치열함을 조금이라도 알고 있다면 지금 하려는 것이 얼마나 많은 기회비용을 포기하며 도전하는 것인지 알고 있다면, 조금 더 고민하기 바란다. 지금의 고민이 당신의 행동에 버퍼링을 없애주고 맘껏 달릴 수 있는 추진력이 되어줄 것이기 때문이다.

예전에 의대생들의 삶을 보여주는 다큐멘터리를 본 적이 있다. 그 방송에서는 의대생으로 사는 것이 얼마나 어려운 것인가에 대한 이야기였다.

　학창시절 내내 항상 1등만을 하던 친구들이 모여서 다시 또 경쟁하는 상황에, 이미 달콤한 대학생활의 낭만은 꿈도 꾸지 못하고 매일매일 치열한 수업과 과제 실습과 근무로 가득 차 있다. 심지어 그 기간은 보통 8년이나 이어지고 레지던트나 인턴도 근무시간 대비 급여로 비교하면 엄청난 강도의 업무 수렁에 빠져 있다. 그 다큐멘터리의 마지막은 그들이 왜 이런 생활을 하는지에 대한 질문으로 마무리되었다.

　"당신의 꿈은 무엇입니까?"

　학생들 대부분이 비슷한 꿈을 이야기했다.

　"전문의가 되는 것입니다."

　"교수가 되는 것입니다."

　"병원장까지 꼭 해보고 싶습니다."

　"저는 40세 전까지 개인병원을 개업하는 것이 목표입니다."

　그런데 그중 한 학생의 답은 달랐다.

　"저는 좋은 아버지가 되는 것입니다."

　나는 이 말에 인생의 목표가 담겨 있다고 생각한다. '좋은 아버지'라는 꿈은 너무 모호하다고 생각할 수도 있지만, 그만큼 아주 크고 어려운 목표이자 까다롭고 곤란한 꿈이라고 생각한다.

의사이자 좋은 아버지의 꿈

1. 의사로서 실력을 갖추어야 한다.

– 사회적 지위와 경제적 여유도 아버지의 역할을 풍성하게 해준다.

2. 정직하고 윤리적인 업무태도

– 비윤리적인 의료행위나 이익을 위해 양심을 버리는 의사를 좋은 아버지라고 보기 힘들다. 사회적인 존경은 자녀에게 존경받는 아버지의 필수조건이다.

3. 가족과의 시간

– 경제적 성공을 위해 가족과의 시간을 포기하는 가장이 '좋은 아버지'였던 시절은 이제 옛말이다. 직장에 충실한 만큼 가정에도 충실해야 하며, 가족 간에 끈끈한 유대감을 가지도록 이끌어야 한다.

그 학생은 단순히 결과에 국한된 꿈을 이야기한 것이 아닌 과정까지 포함된 큰 그림의 꿈을 이야기했다. 그의 노력은 다른 학생들과 당연히 다를 것이다.

05

선택했는가, 선택하게 되었는가?

"문과든 이과든 어차피 결국은 치킨집 사장". 유머 사이트에서 돌던 말인데, 회사에서 퇴사한 사람들이 자의 반 타의 반으로 결국 치킨집을 하고 있다는 슬픈 현실을 말하고 있다. 하지만 '어차피 결국은 치킨집'이 과연 다 같은 치킨집일까?

나는 그동안 많은 사장님과 만나고 이야기해왔다. 내가 만난 사장님들은 창업을 선택한 사람들이다. 그리고 그들과 이야기하다 보면 참 이렇게도 다양한 경험의 사람들이 모이는 자리도 흔하지 않겠다는 생각을 하게 된다. 매번 비슷한 사람들만 모이는 경우가 없다. 대기업에서 임원으로 근무하거나, 공무원 혹은 군인으로 높은 지위에 있던 분들도 있고, 개인 사업으로 꽤 잘나가던 분도 많다. 또 빈둥빈둥 백수로 살다가 타고난 수저 덕분에 쉽게 창업을 하는 분도 있고, 매장을 차리기 위해 몇 년 동안 치열하게 돈을 모은 분도 있다. 이렇게 다양한 부류의 사람들이 결국에는 같은 공간에서 같은 일을 하기 위해 같은 교육을 받는다. 아이러니하면서도 재미있는 광경이다. 하지만 더 중요한 것은 그들이 뿜어내는 기운이다. 처음 만나는 자리에서도 그들의 선택을 볼 수 있다.

이 일을 선택했는가, 아니면 어쩔 수 없이 선택하게 되었는가?

스스로 선택한 사람

그들은 꽤 오랜 시간 고민하고 준비한 사람들이다. 내가 그들에게 왜 이 선택을 했는지 물으면 그들의 눈은 더욱 반짝인다. 마치 기다렸다는 듯이 자신들의 이야기를 들려준다. 그만큼 할 말이 많다는 뜻이다. 그 전 과정이 어디였던지 간에 그들은 한 편의 드라마 같은 준비기간을 이야기해준다.

　- 창업을 할 것인가?
　- 어떤 아이템을 고를 것인가?
　- 언제 시작할 것인가?

① 창업을 할 것인가?

이 질문에는 참 많은 것들이 담겨 있다. 지금의 환경에 대한 문제들이나 미래에 대한 계획 어쩔 수 없는 돌발적인 사건일지도 모른다. 그리고 그런 요소들이 그들을 창업이라는 선택으로 몰아넣고 있을지도 모른다. 하지만 그들은 아무리 스스로 위기에 몰려 창업을 선택한다고 할지라도 그들은 스스로 선택한다. 비록 그 이외에 다른 선택지가 없다고 해도 말이다. 그리고 이때 기획비용을 치열하게 생각하게 된다.

즉, 내가 창업이라는 선택을 할 경우 발생될 수많은 리스크와 환경적인 변화들을 미리 생각하고 고민하고 방법을 찾아보고, 감내해야 하는 부분을 정리한다. 그들은 이 요소들을 미리 고려했기 때문에 선택 후에 발생하는 수많은 어려움을 스스로 감당할 준비를 마치게 된다. 이것은 생각보다 아주 중요한 의미를 갖는다. 창업의 선택에 대한 기회비용은 후에 따로 구체적으로 거론하겠다.

중요한 것은 결국 각오가 다르다는 것이다. 단순한 선택이 아닌 창업에 대한 많은 장단점들을 분석하고 인지하고 그래서 더 철저하게 준비하고 미리 방법들을 찾아 놓거나 대비하기에 당황하지 않을 수 있다.

② 어떤 아이템을 고를 것인가?

상황에 따라서는 이 질문을 먼저 하는 경우도 있고, 간혹 이 질문에 대한 답이 먼저 생겨서 첫 번째 질문을 하게 되는 경우도 있다. 중요한 것은 어떠한 계기로 이 질문에 대한 답이 생겼다고 하더라도 그 후에 충분한 검증의 기간을 거친다는 것이다. 물론 여기서 고심하는 시간, 검증의 기간의 물리적 양이 중요하지는 않다. 누군가는 하루 동안 다양한 방법을 통해 검증하고 고민해 선택하는 경우도 있고, 누군가는 몇 년이나 검증하며 시간을 흘려보낼 수도 있기 때문이다. 중요한 것은 그 고민과 검증의 질이다.

▶ 내가 수집한 정보는 과연 오염되지 않았는가?

- 정보의 오염은 출처나 과정의 오염뿐만 아니라 스스로의 감정·사고에 따른 자체오염도 포함된다.

▶ 정보를 근거로 나는 투자할 (금전적·시간·정신적) 자원이 있는가?

- 말 그대로 투자이기 때문에 투자 대비 성과를 예측할 수 있는가? / 그 성과는 만족할 만한 것인가?

▶ 비교경쟁군에 대한 정보는 동일한 조건으로 수집된 것인가?

- 완전한 절대 비교는 불가능하겠지만 주어진 환경 내에서는 최대한 객관적으로 판단하려 노력한다.

이런 고민을 통해 나온 아이템 선정은 창업기간 동안 발생하는 무수한 불안감들을 없애주며, 창업자에게 근거 있는 자신감과 희망을 만들어준다. 특히 스스로의 의지로 진행하고 선택한다면, 선택에 대한 확신이 무서운 추진력으로 작용해 많은 효율성과 능동성을 만들어준다.

③ 언제 시작할 것인가?

이 마지막 과정까지 오게 되면 더욱 구체적인 계획들이 만들어진다. 기본적인 자본계획부터 각 소단위 프로젝트에 대한 일정과, 함께할 동업자 혹은 조력자의 필요 여부, 나의 환경 조건과 조정 가능성, 아이템 확정, 장소 확정 등의 리스트와 타임테이블을 준비하게 된다.

그리고 이 단계에서도 당연히 새로운 기회비용을 계산한다. 기존의 경제활동의 유지기간과 온전히 뛰어들어 준비하는 기간의 조율, 인력 구성 규모나 시기 등 하나하나의 선택이 실질적인 비용으로 이어지기 때문에 더 치밀하고 체계적으로 고민하고 선택하고 계획들은 실행해나간다.

스스로 선택한 사람들은 이 과정을 모두 거쳤거나 거치고 있기 때문에 눈빛과 태도가 다를 수밖에 없다. 한 단계 한 단계를 거치며 그들의 내공은 차곡차곡 쌓이게 되고 비록 많은 부분 지원해주는 프랜차이즈를 창업한다고 하더라도 스스로의 자신감과 포스는 숨길 수가 없다.

선택하게 된 사람

　이 부류의 사람들 역시 내부적으로는 다양할 수 있다. 특히 이 안에서도 첫 번째 질문을 고민하고 선택한 사람들이 있다.

"요즘 이 아이템이 뜬대"

"아는 사람이 이거 해서 돈을 엄청 벌었대."

　이런 정보들을 스스로 선택했다고 말하기도 하지만 역시 주도적인 선택과는 거리가 멀다. 검증되지 않은 정보들에 휩쓸린 것이다. 하지만 그렇게 한 선택이라고 무조건 부정할 필요는 없다. 정말 운이 좋은 누군가는 그러한 상황에서 기막히게 좋은 정보가 그를 자극했고, 그래서 그를 선택하게 만들었지만 그로 인해 기대만큼 혹은 기대보다 좋은 결과를 만들어 내기도 하기 때문이다. 하지만 여기서 중요한 것은 그 성과의 크기나 기대치와의 폭이다.

　이들은 선택한 사람들에 비해 준비가 빈약하다. 선택을 한 후에도 '이제 시작하자'는 자세보다는 선택을 했으니 한숨 돌리자는 태도를 취하기 싶다. 결국 자신의 선택에 의해 발생한 문제가 자신의 잘못이라고 생각하기보다는 다른 곳에 책임을 돌리는 경우가 많다.

　즉 많은 고민과 준비를 거친 사람들은 중간의 문제를 직면했을 때 과거의 과정들을 돌아보고 문제점의 원인과 해결책을 찾아갈 정보가 있지만, 준비가 부족한 사람일수록 걸어온

단계에 대한 히스토리가 없거나 짧기 때문에 당황하고 회피하는 것밖에 못하는 경우가 많다.

특히 이런 사람들은 어떤 아이템을 따라가거나 비교적 창업이 쉬운 프랜차이즈를 선택하기 쉬운데, 그렇게 선택한 만큼 준비의 과정도 단순한 모방이나 수동적으로 끌려가는 경우가 많아서 결국에는 문제가 발생하거나 실패하는 경우 책임을 상대방에게 묻는 경우가 많이 발생하는 것이다.

더욱 재미있는 것은 운이 좋아 좋은 결과를 만들어 낸 사람들은 새로운 도전에도 쉽고 가볍게 접근하기 쉽고 첫 번째와는 다르게 실패했을 경우에 실패의 원인 역시도 운이 안 좋았다고 쉽게 판단하고 넘어가고 만다. 정말 운이 좋아 성공이 계속 이어지지 않는다면, 결국은 스스로 자신의 리스크를 점점 배가시키게 된다.

답은 항상 간단하고 명확하다. 앞서 말했던 것처럼 미래가 결국은 치킨집 혹은 자영업자일지도 모른다. 하지만 그 모든 자영업자가 결코 모두 같지는 않다. 모두 똑같이 절벽에 몰린 사람들이라 할지라도, 누군가는 등 떠밀려 추락하고 누군가는 미리 준비해서 다이빙을 한다. 이왕 뛰어들어야 한다면 미리 준비하고 스스로 뛰어드는 선택이 생존의 가능성을 높이는 최고의 방법일 것이다.

06

나는 어떻게 일하는 사람인가?

지금까지 창업에 대한 이야기를 하다가 갑자기 여행 이야기를 하는 이유는 일상 속에서 사소하지만 발생 빈도가 많은 사건이기 때문이다. 자신이 여행을 어떻게 준비하고 진행해 나가는지를 보면 창업을 대하는 방식과 태도를 쉽게 유추할 수 있다.

여행 스타일 체크리스트

1-1. 여행지를 먼저 선택한다면

① 평소에 가고 싶은 여행지가 있다.

② TV 프로그램을 보고 흥미가 생긴 곳을 찾는다.

③ 여행을 다녀온 지인의 자랑에 가고 싶은 마음이 생겼다.

④ 여행 계획과 테마에 따라 예정한 여행지가 있다.

1-2. 여행기간을 먼저 고려한다면

① 여행을 갈 만한 기간의 휴가가 생겨서 여행을 간다.

② 여행을 미리 계획하고 필요한 조치(휴가신청, 업무조율 등)을 취

한다.

③ 남들이 휴가를 많이 갈 때를 알아보고 그에 맞춰 일정을 잡는다.

2. 여행 비용을 마련한다면

① 미리 여행적금을 들어놓는 등 별도의 비용을 모아놓는다.

② 예정에 없던 돈이 생기면 그것으로 충당한다.

③ 여행경비를 먼저 카드로 결제하고 나중에 아껴서 생활한다.

3. 여행 일정과 코스를 계획한다면

① 가족, 지인 중 주로 계획을 주도하는 사람에게 맞춘다.

② 가족, 동호회 등 단체 여행에 동참한다.

4. 교통수단을 예약할 때

① 여행 전부터 정기적으로 예매 사이트에서 저렴하고 안전한 교통편

을 찾아본다.

② 온라인 할인행사(광고)에 적극 참여한다.

③ 출발 당일 가장 편한 교통편을 이용한다.

이 체크리스트를 따져 보면 여행을 준비하는 사람의 특징을 크게 두 가지로 나눠볼 수 있다. 바로 이성적인 사람과 감성적인 사람이다.

이성적인 사람의 여행

이성적인 사람의 여행 특징은 계획이다. 그들의 모든 여행은 계획에서 시작하고 계획에서 끝난다. 언제 어디로 가서 무엇을 하든지 철저한 계획과 사전준비가 없다면 그들에게는 온전한 여행일 수 없다. 그래서 즉흥적인 여행보다는 항상 미리 계획하고 그대로 진행하는 여행을 최고의 행복으로 여긴다. 특히 여행은 시간 싸움이기 때문에, 이렇게 여행을 준비하는 사람들에게는 사전 계획과 준비가 아주 중요하다.

우선 스스로 확보 가능한 휴가기간을 미리 예상한다. 이때는 여행의 지역별 성수기를 고려해 연휴나 휴가철보다는 나에게 맞는 가장 효율적인 시간을 확보하기를 더 좋아한다. 그러고 나면 그 기간에 맞는 여행지를 선택하고 티켓을 확인한다. 당연히 다양한 사이트와 정보를 수집해 최저의 티켓을 검색하고 만족스러운 가격에 티켓팅을 성공하면, 그 다음에는 여행의 루트를 고민한다. 이때 가장 많은 검색을 한다. 온라인의 수많은 정보를 수집해 꼭 가야 하는 장소, 유명 맛집, 쇼핑 리스트를 정리한다.

이에 맞춰 여행 코스에 알맞는 숙소를 알아본다. 여러 예약 어플을 찾아보고 숙소의 후기와 제공 서비스까지 고려해서 철저하게 최적의 숙소를 찾아낸다.

그러고 나서도 끝은 아니다. 환전과 교통편 면세점 쇼핑에 당일 공항 이용 계획까지 알아보기도 하고, 여행 가서 입을 옷과 필요한 소지품, 여행자 보험에 상비약까지 여행에 필요한 모든 것을 철저하게 준비한다.

이런 이성적인 여행을 하는 사람들의 가장 큰 특징은 여행을 준비하는 과정부터 끝나는 마지막 순간까지 집중력을 놓지 않고 치열하게 대하는 것이다.

이렇게 여행을 계획하듯 창업을 계획한다면 성공 확률이 높을까, 낮을까. 창업의 리스크를 줄이는 것이 목적이라면 이런 스타일이 성공 확률이 높다. 하지만 내가 하고 싶은 이야기는 조금 다른 이야기다.

내가 이성적인 사람들에게 가장 안타까워하는 것이 여행지에 있으면서 다음 여행지를 검색하고 있는 모습이다. 다음 일정을 위해 지금 이곳에 펼쳐진 풍경과 경험을 놓치는 것은 그 누구라도 행복해 보이는 모습은 아니기 때문이다.

감성적인 사람의 여행

이들의 여행은 감탄으로 시작한다. "우와, 대박이다", "진짜 멋있다", "맛있겠다", "부럽다", …. 충동적인 사람은 바로 티켓을 알아본다. 그들에게 여행 프로모션이나 이벤트는 액셀 역할을 한다. 조금 부담스러운 가격이라면 조금 더 고민하겠지만 여행 자체에 대한 이성적인 판단은 아니다.

감성적인 사람은 티켓팅을 하는 순간부터 여행이 시작된다. 머릿속은 이미 그곳에 머물고 있으며 그곳에서 행복하게 여행할 자신의 모습에 이미 취해 있다. 여행을 위한 검색은 많이 하지만, 사전조사보다는 자신의 상상을 조금 더 구체화하기 위한 자료수집에 더 가깝다. 그래서 여행 루트를 고민하고 숙소를 예약하기보다는, 다른 사람들의 여행기를 훑어보며 자신이 가고 싶고 경험하고 싶은 곳을 알아본다.

이런 사람들의 가장 큰 특징은 준비보다는 마음이 시키는 대로 실행한다는 것이다. 출발 일저이 여행이 다가오면 그제서야 급하게 숙소예약 사이트를 뒤져 사진이 얼마나 멋진가를 기준으로 선택을 한다. 철저한 준비보다는 여행을 간다는 사실만으로도 이들은 이미 들뜨고 행복하고 만족해한다. 그래서 이런 사람들은 여행 자체가 기대만큼 좋지 않았다고 해도 여행 자체에 대한 거부감이 적다. 이미 그들이 얻을 행복은 충분히 채워졌기 때문이다. 그래서 그들은 돌아오는 비행기에서도 막연하게나마 또 다른 여행을 꿈꾼다.

창업은 아주 긴 여행이다. 어쩌면 돌아오지 못하고 새로운 삶의 터전을 찾는 길고 긴 여정일 수도 있다. 그래서 철저한 준비와 각오가 필요한 건 너무 분명한 사실이다. 하지만 그렇다고 해서 지금 이 순간의 풍경을 놓쳐서는 안 된다고 생각한다. 여행은 가겠다고 마음먹는 순간부터가 출발이다. 이미 마음을 그곳에 있기 때문이다. 나는 창업의 시작이 즐거운 상상 속에서 이어졌으면 한다. 새로운 삶에서 성공하고 있는 나의 모습 그 흐뭇한 상상이야말로 준비하는 단계에서만 느낄 수 있는 달콤한 행복이다.

나는 아직도 잊지 못하는 시간이 있다. 친한 친구 셋이 함께 술잔을 나누며 했던 수많은 대화와 상상. "우리도 이런 가게 한번 해보자." 술자리에서 나왔던 농담 같은 그 한마디에 우리의 상상이 더해지고, 서울의 수많은 술집을 찾아 다니며, 계속 기대하고 행복해하고 즐거워했다. 그 과정이 가장 행복한 순간들이었고 지금도 잊히지 않는 가장 소중한 추억이다.

우리는 행복해지기 위해 창업을 한다. 그리고 그 행복은 단순하게 통장에 들어오는 숫자가 아니라 준비하는 과정부터 성공의 순간까지 채워진 모든 순간을 이야기한다.

두 명의 친구와 함께 여행하는 것을 권한다. 아주 이성적인 친구와 아주 감성적인 친구 둘의 조합이 좋다. 감성적인 친구는 우리의 창업으로 펼쳐질 우리의 밝은 미래를 마음껏 상상하게 해줄 것이다. 어쩌면 그 무대가 전 세계일 수도 있다. 이성적인 친구는 그 친구의 상상이 현실이 될 수 있도록 하나하나 계획을 세우고 실행할 방법을 찾아줄 것이다.

두 친구는 여행 내내 부딪치고 싸울지도 모른다. 매일 매일 수많은 선택을 강요하기도 넘어가게도 할지 모른다. 하지만 그 두 명의 친구가 잘 어울리는 순간 우리는 과정부터 결과까지 모든 순간이 행복한 진짜 여행을 하게 될 것이다.

07

창업의 이유

　나의 창업의 이유는 아주 간단했다. 취업은 하기 싫었고, 공부는 더 하고 싶었다. 이 두 가지를 위해서 필요한 것은 경제력이었고, 20대의 혈기로 창업을 했다. 지금 돌아보면 당시의 내 창업은 정말 무모한 도전이었다. 사회적으로 벤처 붐이 일기는 했지만, 그런 업종과는 관계없는 평범한 대학가 호프집 창업이었다.

　젊은 남자 세 명이 공동창업했다는 것 외에는 특별한 건 없었다. 그런데 사실, 단지 사장이 젊은 남자 세 명이라는 것만으로도 먹혔고, 직접 길에서 사탕을 돌리는 홍보 퍼포먼스만으로 매장에 고객이 꽉 찼다. 요즘에야 대학가 앞에 독특한 개성의 다양한 카페와 식당들이 즐비하고, 아주 사소한 소품만으로도 특별한 분위기를 연출

하지만, 그런 개성 있는 매장도 프랜차이즈도 모두 없던 때였다.

그때 우리의 목표는 분명했다. 시작하는 시점에 당연히 금전적인 여유가 목적에서 빠질 수 없었지만, 20대 중반의 열정에 어울리는 허세도 있었다.

"우리는 경험을 만들자. 대박이 나면 정말 대박이고 설사 망하더라도 회복이 가능한 20대에 망하자."

그 마음이 우리를 지탱했다. 나의 창업에 대해 결론부터 말하자면, 망했다. 망했지만 우리는 망하지 않았다. 우리가 원했던 최고의 경험을 얻었기 때문이다. 지금도 우리가 모이는 술자리에선 그 호프집 이야기가 빠지지 않는다. 그리고 그때의 경험이 지금 우리 각자의 인생에서 다양하게 활용되고 있다고 말한다. 즉 경제적으로는 다소 손해봤을지 모르지만, 지금 우리에게는 결코 손해가 아니다.

지금의 나는 절대 그런 바보 같은 짓을 하자고, 그렇게 망한 뒤에 이렇게 쿨한 척 이야기하지도 않을 것이다. 하지만 그래도 내가 지금 이렇게 이야기할 수 있는 것은 바로 우선순위가 달랐기 때문이다. 우리가 실제로 창업을 통해서 얻은 것은 단순히 금전이 다가 아니다. 일반적으로 이 정도를 기대할 수 있을 것이다.

창업을 통해 얻을 수 있는 것

· 수익 / 자산

· 명예 / 지위

· 성취감 / 안정감

· 인간관계

· 행복 / 가족, 연인, 친구

· 경험

물론 각자 다를 수는 있지만 우선은 이 정도에서 생각해본다면 우리는 이 안에의 우선순위가 필요하다. 왜냐하면 나의 우선순위에 따라 업무에 대하는 태도와 노력의 방향이 다르기 때문이다. 특히 그중 생각해야 할 것은 바로 수익에 대한 부분이다.

우리는 일반적으로 생각할 때 창업에서 가장 높은 우선순위는 당연히 수익이라고 생각한다. 생계 형창업의 경우는 수익에 대한 집착이 더욱 커진다. 자선사업이 아닌 이상 수익은 절대 무시할 수도 무시해서도 안 되는 아주 중요한 요소이다. 하지만 이외의 것들을 생각하는 것은 다른 이야기기다.

창업을 해서 성공했다고 말할 수 있는 기준을 무엇으로 생각해야 할까. 무엇을 얻고자 하는지 생각하고, 그것들을 대부분 얻었다고 판단한다면 그 상태를 성공했다고 이야기할 수 있을 것이다. 창업을 하고 5년 만에 이 조건을 달성했다고 해보자.

· 1년 안에 투자금 회수 / 지역 상가 매출 1위

· 월 순수익 1000만원 / 자산 10억원

· 상가 번영회 회장 / SNS 팔로워 10,000명

5년 동안 본인은 누구보다 열심히 노력했고 원하는 것들을 하나하나 달성했다. 누가 봐도 성공한 사업가의 모습이다. 가장으로서 생활비도 충분히 가져다주는데, 막상 가족들과는 어색하다. 어쩌다 사람들과 어울려도 가게를 빼면 할 이야기가 없다.

나는 경제적으로 성공한 많은 사장님을 만났다. 하지만 그들은 자신이 성공했다고 말하지 않는다. 노력을 통해 많은 것들을 성취했지만, 그만큼 많은 것을 놓치고 잃었다는 것이다. 결국 스스로의 인생을 평가한다면 성공했다고 할 순 없다고 말한다.

말하자면 '과락', 일부 과목 낙제로 성공을 놓친 격이다. 성공의 기준에도 분명 과락이 있다. 수많은 소설, 드라마, 영화에서 볼 수 있는 돈만 많은 부자들의 이미지다. 일생을 돈 벌기 위해 열심히 살아와서 돈이라는 기준으로 성공했지만, 막상 주변에 남은 사람 하나 없이 쓸쓸하게 죽어가는 모습들이다. 과장된 것 같은 이런 인생은 안타깝지만 현실과 크게 다르지 않다. 결국 성공의 조건은 성공을 했다, 아니다로 이야기할 수 없다. 어느 것 하나를 남들보다 훨씬 더 많이 성취해내서 100점 이상을 얻었다고 해도, 그것이 부족한 나머지를 채울 수는 없다.

사회를 구성하고 있는 기본 단위는 가정이다. 그리고 그중심에는 행복이 있다. 그런데 우리는 그 가정을 지키고 발전하기 위해 시작하는 창업에서 행복의 가치가 자꾸 잊고 만다. 많은 창업자가 겪는 문제는 시간이다. "자녀와 놀아줘라", "가족여행을 가자", "명절 때 쉬면 안 돼?" 이에 대한 답은 대부분 "시간이 없다", "여유가 없다", "나중에 하자"로 끝이 난다. 그 대답에 나머지 가족 구성원에게도 암묵적 동의가 일어난다.

하지만 쉬어야 한다. 가족여행을 가야 한다. 명절 때는 공지를 올려야 한다. 왜냐면 그런 갈등이 바로 성공의 가장 큰 과락이기 때문이다. 우리는 왜 창업을 했는가? 좀 더 과거로 간다면 우리는 왜 가정을 꾸렸는가? 1년 365일 하루도 쉬지 않고 가족들과 편하게 단풍놀이 한번 가지 못하고 일만 하려고 그렇게 열 열하게 사랑하지는 않았을 것이기 때문이다.

우리가 창업을 준비하고 새로운 도전을 하게 되면 당연히 수익이 최우선이다. 하지만 우리는 최우선의 그 다음으로 중요한 것들이 있다는 것을 항상 기억해야 한다. 그리고 그 우선순위는 언제든지 바뀔 수도 있다. 그래야 혹시 이 창업이 끝이 나고 내가 기대했던 좋은 수익은 내지 못하더라도 다시 시작할 수 있는 힘도, 그 힘을 더 키워줄 가족도, 그래서 이번에는 더 잘할 수 있다는 믿음도 생길 수 있기 때문이다.

08

창업의 시작

많은 창업 전문가들은 철저한 준비에서 성공의 대부분이 결정된다고 이야기한다.

아이템 선정: 내가 얼마나 정확히 시장과 트렌드를 분석하고 읽어냈는가?

상권/입지 분석: 얼마나 더 많은 지역의 상가를 알아보고 많은 시간을 들였는가?

리스크 관리: 얼마나 사전 준비를 많이 하고 시작하는가?

전문가들은 대부분 이런 요소가 성공 가능성을 높일 수 있는 중요한 포인트라고 이야기한다. 더 많이 알아보고, 돌다리도 많이 두드려보고, 신중하게 더 신중하게, 고민하고 고민하며 선택한다면 분명히 실패의 가능성을 줄이는 데 효과가 있다.

나는 이 의견에 전적으로 동의한다. 그런데 창업을 준비하는 사람들에게는 이런 작업 자체가 그렇게 쉽지 않다. 대부분의 창업은 우연한 대화 중에 알게 된 정보나 혹은 갑자기 든 생각에서 용기를 얻는 경우가 많다. 머릿속에 창업이라는 단어가 들어오면 냉정, 차분, 침착 같은 것이 어느새 멀어진다. 간혹 아이템을 선택하기도 전에 부동산을 먼저 방문하기도 하고, 매장을 알아보다가 즉흥적으로 아이템이 바뀌기도 한다.

그중에서 우리의 창업에 불을 지피는 것은 바로 눈에 쏙 드는 매장을 등장했을 때이다. 내가 원하던 그 가게! 나랑 딱 맞는 조건의 매장이 드라마처럼 나타나면 대부분의 예비 창업자는 눈이 멀고 만다. 부동산 사장님의 부채질이 더해지면 다른 사람들이 그 가게를 금방이라도 채갈 것 같아져서 초초해진다. 정신을 차려 보면 나도 모르게 계약금을 걸고 있다.

하지만 짧은 내 경험을 비추어 봤을 때 그 가게를 놓친다고 해도, 내가 더 맘에 드는 곳은 분명히 있다. 나중에는 그때 그곳을 놓친 게 오히려 다행이었다고 생각하게 되는 경우도 있게 된다.

오래 준비하고 신중히 선택할수록 분명히 실패의 리스크는 줄어

든다. 문제는 바로 창업의 시작 시점이다. 내가 과연 정말 신중하고 여유 있게 천천히 창업을 준비할 수 있는 상황이냐는 것이다. 내가 만난 많은 사장님의 경우 창업을 하는 경우는 대개 세 가지로 나누어볼 수 있었다.

1. 이직보다 창업
2. 환승형 창업
3. 데뷔형 창업

이직보다 창업

말 그대로 다니던 직장을 퇴사하고 창업을 결심하게 되는 경우다. 보통 이 경우에는 조직의 불합리함에 많이 질려있거나, 조직에서 조금 밀려나거나, 반복적인 삶에 지쳐서 야심차게 시작하는 경우가 많다.

창업비용 = 저축+퇴직금+대출금+투자금(가족)

창업 비용의 내용은 보통 이러하다. 그렇다면 우리가 여기서 쉽게 생각할 수 있는 것은 바로 여유다. 야심차게 회사를 박차고 나왔지만, 마지막 짐을 싸고 나오는 순간부터 당하지 않으면 경험하지 못할 불안함이 엄습한다. 그동안 나를 든든하게 지탱해주던 가장 큰 울타리가 사라졌기 때문이다. 매달 꼬박꼬박 나오던 월급도 어디가나 당당하게 하던 명함도, 사회와 가정 속에서 그들을 든든하게 지켜주던 모든 근간이 사라진다. 생각보다 훨씬 두려운 일이다. 조직을 떠나기 전에 많은 동료가 축하의 말을 건넨다.

"먼저 탈출하는구나."

"나도 곧 나가니 길 잘 닦아놔라."

"이렇게 멋진 선택을 하는 너의 용기가 부럽다."

많은 이야기를 듣게 되지만 그 말들이 진심이라고 받아들이는 사람은 없다. 결국 아무리 포장하고 꾸며봐도 나오는 순간 백수로 주변 모든 사람들의 걱정을 받는 처지가 된다. 정말 여유 있게 자신과 맞는 창업 아이템을 선택하고, 시간을 들여 시장을 분석하고, 최신 트렌드를 읽으며, 가장 효율적인 점포를 찾아다닐 수 있을까?

물론 그렇게 준비하는 사람들도 분명히 존재한다. 1~2년 후 창업을 목표로 직장생활을 하며 차분히 준비를 하고 퇴사와 동시에 창업을 하는 사람들은 있다. 그리고 멋있다. 하지만 그들에게는 또다른 함정이 있다. 직장인 습성이다.

첫째, 직장인의 업무적 지출은 내 주머니의 돈이 아니다.
둘째, 실속만큼이나 사회적인 체면이 더 중요하다.
셋째, 인간관계가 끊어지는 것이 두렵다.

이 세 가지 습성이 그대로 창업으로 이어진 경우가 많다. 즉 준비단계에서부터 아끼고 절약하기보다는, 남들에게 그럴싸해 보여야 하기 때문에 브랜드, 입지부터 무리를 하게 되는 경우가 많다. 회사를 그만두고 나와서 하는 것이니만큼 빨리 성공했다는 이미지를 보이고 싶은 것이 당연하다. 그러다 보니 보통 계획했던 창업 비용을 넘겨 곤란을 겪곤 한다.

또한 보통 기업 업무의 스케일과 매장 하나 업무 스케일은 차이가 있는데도 불구하고, 자기 인맥을 적극적으로 활용하고자 하고 그것이 큰 자부심이자 효율적이라고 착각한다. 예를 들어 업무상 지속적으로 거래하던 인쇄소에 광고지를 의뢰하는 경우, 자신이 속해 있던 기업의 어마어마한 물량을 생각하고 단가를 계산한다. 초반 몇 번은 잘해줄지도 모르지만, 적은 물량에 낮은 단가로 계속 거래하는 것은 당연히 불가능하다. 종이 질이나 인쇄품질, 편집 등도 동네 삼겹살집 전단지로 쓰기에는 너무 과할 수도 있다. 이런 비싼 수업비를 치르고 얻은 경험을 쌓고 나야 규모에 맞는 소상공인 마인드로 돌아오게 된다.

'이직보다 창업'의 경우 대부분 절대 여유로울 수도 없고, 차분히 준비하기도 힘들다. 쫓기듯이 빨리 창업하기를 원하며, 하루라도 빨리 자리 잡기를 원한다. 창업전문가가 말하는 준비기간은 그들에겐 준비된 창업비용에서 연봉 일할 계산으로 계속 마이너스가 되는 기회비용이라고 생각한다. 특히 무슨 일이든 결정이 되지 않은 상태로 흘러가는 시간을 힘들어한다. 그러다 보니 순간적인 판단이나 감으로 선택해 큰 실수를 할 확률이 높다.

환승형 창업

기본적으로 기존에 하던 일이 잘돼서 새로운 것을 창업하는 사람이 아니라면, 환승형 창업은 기존 사업에서 손해를 본 경우가 많다. 환승형 창업은 보통 세 가지 경우로 나눌 수 있다. 첫째, 기존 사업 매출이 적자인 경우. 둘째, 권리금 등 기존 사업의 투자금을 회수 못한 경우. 셋째, 기존 사업에서 노력 대비 보상을 받지 못한 경우.

매출이 적자인 경우는 당연히 그들의 경제적 상황을 안 좋은 것이 당연한 상황이며, 비록 지금 당장의 빚이 없다고 하더라도 새로운 창업비용은 빚이거나 재산을 처분했을 경우가 많다.

투자금을 회수하지 못한 경우는 당사자는 기운이 빠질 뿐만 아니라 시작하는 시점부터 또 다시 실패할 수도 있다는 두려움이 깔려 있는 경우도 많다.

노력 대비 보상을 받지 못한 경우, 대부분은 건강 문제를 겪는다. 즉 내가 몇 년 동안 쉬지도 않고 정말 열심히 했는데 그만큼 돈을 벌지도 못하고 그렇게 하다 보니 몸만 망가진 케이스다.

아주 살짝 훑어만 보아도 답답해진다. 창업은 생계가 걸려 있는 일이다. 새로운 아이템을 선택하는 것보다 지금의 가게를 포기하는 것이 훨씬 더 어려운 선택이다. 이미 오랜 시간 그 선택을 위한 고민으로 밤을 지새웠을 것이다.

데뷔형 창업

사회생활을 '창업으로 데뷔'하는 경우, 즉 학교 졸업 후 창업이나 전업주부의 창업을 말한다. 상대적으로 의욕과 열정이 가장 높다. 특히 이들의 창업은 무책임한 조력자들이 항상 존재하기 때문에 근거 없는 존재감이 있기도 하다.

"넌 장사하면 잘할 거 같아."

"넌 아이디어가 진짜 좋은 것 같아. 참 아까워."

"네가 만든 건 다 맛있어. 장사하면 내가 매일 팔아줄게."

주변의 무책임한 말에 힘과 용기를 얻어 창업을 한 경우다. 그러다 보니 이들의 마인드는 이미 성공한 CEO다. 그래서 시련도 그 과정이라고 생각하고, 곤란한 상황도 모두 쉽게 해결되리라는 긍정적인 에너지로 꽉 차 있다. 물론 이런 생각들이 절대 나쁜 것이 아니지만, 이런 태도는 창업에 중요한 냉정함을 잃게 만든다. 스스로에 대한 정확한 판단을 하지 못해 치명적인 실수를 범할 위험성이 존재한다는 뜻이다.

또한 사회경험이 부족한 경우 창업에 필요한 수많은 절차를 겪으며 생각보다 쉽게 지치게 된다. 그들이 꿈꾸는 창업은 그럴싸하게 인테리어를 하고 알아서 들어오는 손님을 맞이하는 아주 쉬운 일이다. 하지만 가게 문을 여는 순간 환상은 깨진다. 아무리 좋은 프랜차이즈 브랜드라도, 오픈까지 가맹점주가 해야 할 일이 산더미 같기 때문이다.

의지와 열정이 있지만, 상대적으로 더 감성적이고 즉흥적이다. 밝은 미래에 대한 근거 없는 희망이 그들의 체계적인 준비기간을 잡아먹게 된다.

이 세 가지 케이스를 보며 고민해야 하는 것은 '얼마나 내가 어떤 준비를 할 수 있는가?'이다. 창업 책이나 TV에서 말하는 대로 맛집을 돌아다니고, 트렌드를 주도하는 곳을 여행하는 문제가 아니라, 현실적으로 내가 준비과정에 쓸 수 있는 금전적·시간적·정신적 여유를 계산해볼 필요가 있다. 그 안에서 현실적이고 합리적인 방법을 찾아내야 한다. 만약 확신이 서지 않고 불안하다면, 누가 어떤 말을 해도 떠밀려서 창업을 시작하는 것은 절대 안 된다.

"창업준비기간을 위해 지출할 수 있는 비용은 얼마인가?"

"창업준비에 집중해서 뛰어들 수 있는 시간은 얼마인가?"

"창업에만 집중하기 위해 누구에게 어떤 도움을 받을 것인가?"

창업전문가들이 제시하는 방법을 실행하기 위해 나의 시간적·금전적·정신적 여유를 분명히 분석하고 그 안에서 계획하지 않는다면 실패하기 쉽다. 가장 좋은 창업준비 방법은 직접 일해보는 것이다. 우선 기본적으로 아이템 선정은 미리 선택할 수 있다. 어디든지 다양한 고객의 입장에서 경험하고 고민하는 것만큼 좋은 방법이 없기 때문이다. 요즘 뜨고 있는 핫플레이스, 창업박람회, SNS를 통해 아이템을 고민하다가 눈에 들어오거나 마음이 가는 게 있다면 고객으로 방문하는 것도 좋지만, 직접 일을 해보는 것이 가장 좋다.

매장에서 직접 근무를 하면 여러 장점이 있다.

첫째, 고객의 입장이 아닌 판매자의 입장에서 손익구조 등 매장의 흐름이 보인다.

둘째, 매장 사장의 장단점을 파악할 수 있다.

셋째, 월급을 받으며 창업 시뮬레이션을 할 수 있다.

넷째, 이 업종의 맞는 상권 특징도 파악이 가능해진다.

다섯째, 프랜차이즈의 경우 본사의 지원 및 관리 상황을 정확하게 파악할 수 있다.

여섯째, 금전적인 수익이 있기 때문에 불안 없이 창업을 준비할 수 있다.

실제로 현재 내가 속한 프랜차이즈 기업의 경우, 신규 창업자 중 평균 15~20%는 실제로 가맹점에서 근무했던 직원이다. 그중에는 처음부터 창업을 생각하고 입사했던 직원들도 있고, 근무하다가 보니 욕심이 생겨 도전하는 경우도 있다. 그들의 성공확률이 훨씬 높다. 멀리서 바라보고 시작하는 사람들은 막상 현실에서 경험하는 충격이 클 수밖에 없지만 안에서부터 바라봤던 그들은 모호한 희망보다는 분명한 가능성을 보고 들어오기 때문이다.

나도 처음 창업의 꿈을 꾸었을 때는 창업의 어려운 부분보다는 사장님이 된다는 달콤함만 보였다. 지나고 나니 '나는 사장님 놀이를 하고 있었구나' 하는 생각을 하게 됐다. 단순히 사장이라는 허울보다는 생계를 위해 하루라도 빨리 성공하기를 원하는 사람이 많을 것이다. 하지만 모든 곡식은 여무는 시간이 필요하고, 그 시간을 어떻게 관리하느냐가 얼마나 더 좋은 결과를 얻을 수 있을지를 결정한다.

당연히 창업자 입장에서는 더 능력 있고
성실한 사람과 함께 일하고 싶을 것이다.
내가 누군가와 함께 일을 진행해야 할 때는
수많은 밀당이 존재할 수밖에 없다.

꼼꼼하게
창업하자

결국 서비스업은 할 사람이 정해져 있는 걸까?
나는 "YES"라고 대답한다.
다만 반대로 서비스업을 하지 말아야 할
사람이 정해져 있는 건 아니라고 덧붙인다.

01

프랜차이즈 VS 나의 브랜드

TV를 보다가 한 프랜차이즈 광고를 본 적이 있다. 당연히 관련업계에 근무하다 보니 관심을 갖고 보게 되었다. 평일 아침시간에 지역방송 광고였기 때문에 메이저 기업이 아닌 신생 브랜드인 듯 했다. 하지만 메시지는 꽤 충격적이었다.

"장사가 되지 않으면 가맹비를 돌려드립니다."

"마진율 65%를 보장해드립니다."

한우 국밥 마진율이 65%라니, 실은 마진율 65%라는 말보다 그 멘트가 고객들까지 모두 보는 TV 광고에 나온다는 것이 더 충격적이었다. TV 광고는 예비 창업점주만 보는 것이 아니라 잠재 고객들까지 모두 함께 시청할 텐데 마진율을 공개하고 자랑처럼 떠들다니. 나는 습관적으로 대략 계산을 해봤다.

한우국밥 판매가	8,000원 (예상)
판매 마진	-5,200원(65%)
제품 원가	2,800원
원가 내 포함사항	원부자재+임대료+인건비+운영비(수도·전기·가스)+광고비+본사 마진 등

간단히 생각해봐도 품질 좋은 국밥을 기대하기는 힘들다. 그렇다면 결국 가맹점주를 모집하기 위해 가장 중요한 비밀을 공개하고 그 이후의 대책은 중요하지 않은 것일까? 그러고 나니 자연스럽게 첫 번째 광고문구가 다시 생각난다.

"장사가 안 되면 가맹비를 돌려드리겠습니다."

즉, 장사가 되지 않을 만한 조건을 미리 제시하고, 대신 장사가 안 되면 가맹비를 돌려주겠다고 자랑스럽게 이야기한다.

그렇다면 가맹비는 과연 얼마일까? 브랜드 파워가 없는 신생 프랜차이즈는 과연 가맹비를 얼마나 받을 수 있을까? 결국 내가 예상하는 가맹비는 100~300만원 정도로, 기본적인 창업비용이 적어도 1천만원 단위의 투자라고 생각한다면 이보다 무책임할 수는 없다고 생각이 들었다.

그렇다면 이 광고의 메시지는 이렇게 해석할 수 있다.

"저희는 가맹점 수를 늘리는 것이 가장 큰 목적이고, 혹시 장사가 안 되면 최소한의 책임은 지겠습니다."

물론 나는 그 브랜드에 대해 잘 모르고, 악감정이 있는 것도 아니다. 어쩌면 실제로 조사해보면 경쟁력을 갖추고 성장 가능성도 있는 좋은 브랜드일지도 모른다. 다만 내가 이야기하고 싶은 것은 단순히 저 광고 커뮤니케이션의 문제점과 우리가 창업을 고민할 때 쏟아져 들어오는 수많은 정보를 어떻게 분석하고 활용할 것인가이다.

우리가 창업을 계획할 때 필수적으로 거쳐야 하는 선택지 중에 하나가 프랜차이즈다.

"나만의 브랜드를 만들 것인가? 아니면 프랜차이즈 사업을 할 것인가?"

이 질문이야말로 현재 시장 상황에서 아주 중요한 갈림길이다. 이 갈림길을 지나고 나서도 우리에게는 너무나도 많은 선택이 기다리고 있다. 그렇기 때문에 우리는 기본적인 선택지부터 차분하게 하나씩 고민하고 알아봐야 후회하지 않는 현명한 선택을 할 수 있다.

구분	장 점	단 점
프랜차이즈	· 브랜드 인지도(홍보의 용이성) · 품질의 안정성 (검증 완료) · 가맹본부의 역할 (창업지원/운영/교육/개발) · 원부자재 관리 (구매/물류/반품/재고관리) · 고객관리 (멤버십/이벤트) · 빠른 트렌드 반영 혹은 트렌드 주도 · 운영 노하우 공유	· 창업비용의 부담 · 본사와의 소통(타이트한 관리) · 의사 결정권 부재 혹은 자율성 부재 · 보편적 특성(다수공략을 위한 안정적인 선택)
개인 브랜드	· 개성 있는 브랜드(차별화된 경쟁력) · 고객과의 빠른 소통과 반영 · 운영 노하우 누적 · 확장 가능성	· 브랜드 인지도 · 품질 안정성 · 원부자재 관리 · 서비스/제품 개발의 어려움

개인 브랜드 창업의 조건

위의 표에서 보는 것과 같이 내가 개인 브랜드를 새로 만들고 창업하고자 할 때 가장 중요한 포인트는 '나만의 아이템'이 존재하는

지 여부이다. 분명한 차별성과 경쟁력을 가지고 있어야 오랜 시간 안정적으로 운영할 수 있다.

예를 들어 요즘 많은 신도시는 새로 지어지는 신축 아파트 단지와 함께 수많은 상가들이 들어와 상권이 형성된다. 보통 그 상권에는 아주 다양한 업종의 매장이 들어선다. 누구나 알 만한 대형 프랜차이즈 매장들부터 자신만의 개성을 뽐내는 작은 상점들까지 모여 엄청난 상권을 조성하는데, 아쉽게도 매장 대부분은 1년을 채 넘기지 못하는 경우가 많다. 1년 후에도 매장이 살아남아 있다면, 분명 그 매장이 상권 내에서 존재해야 할 이유를 찾아냈기 때문이다.

예를 들어 경기도 지역 신도시 상권에 들어선 의류 편집샵을 운영한다고 생각해보자. 이 매장이 갖춰야 할 경쟁력은 무엇일까? 의류 매장은 당연히 인터넷 쇼핑몰과는 가격경쟁을 할 수 없다. 그렇다면 가격이 다소 비싸더라도, 고객이 인터넷에서 쉽게 구할 수 없는 디자인의 옷을 구비해야 한다. 만약 새로운 나만의 매장을 창업하고자 한다면 분명한 나만의 무기가 필수다.

SNS 마케팅 관점으로 최근 눈에 띄는 흥미로운 홍보 방법 중 하나가 바로 '효자효녀'들이다.

"저희 아버지께서 고구마 농사를 지으시는데, 신청하신 SNS 이웃분들께만 판매하려고 합니다."

"저희 장인어른께서 제주도에서 직접 재배하시는 감귤을 팝니다."

이런 판매방식의 가장 큰 장점은 무엇일까? 같은 그룹이나 SNS 친구로 온라인상으로나마 아는 사람의 말이니 신뢰할 수 있다는 점과, 유통 단계를 줄여 저렴하게 공급한다는 점이다. 이런 방식으로도 나만의 경쟁력을 만들 수 있다.

개인매장의 강점 예시

1) 독특한 레시피(창업자, 직원)

2) 원자재·유통과정의 장점(중간 유통마진 생략)

3) 높은 품질(유기농·수제·친환경 등)

4) 차별화된 감성(매장 인테리어·패키지 디자인·고객 커뮤니케이션· 서비스 마인드 등)

5) 학력(요리학교, 디자인스쿨), 경력(대기업, 브랜드, 호텔 출신), 수 상(공모전, 대회) 등

이런 강점 없이 창업하는 가장 좋지 않은 경우는 유행이나 특정 브랜드를 흉내낸 개인 매장이다. 보통 어떠한 트렌드가 유행을 하게 되는 것은 크게 두 가지 종류다. 어떤 제품이나 서비스가 SNS나 방송으로 유명해지면서 많은 고객들이 찾는 경우, 새로운 브랜드가 유행해서 가맹점이 순간적으로 많이 늘어나는 경우다.

제품 혹은 서비스가 유명해진 전자의 경우 가장 큰 예로 마카롱 카페를 들 수 있다. 한때 젊은 여성들 사이에서 유행을 했던 마카롱

은 브랜드화하기에는 시장의 규모가 작고 개인역량에 집중된 제품이다 보니 개인 매장 중심으로 많은 호황을 누렸다. 특히 매장이 주로 마카롱만 판매하는 전문점 형태를 하다 보니 주로 공방 형식으로 운영하며 일반인 대상 클래스도 운영했다. 그러다 보니 많은 여성이 마카롱 매장에 대한 꿈을 키우게 됐다. 넓은 공간을 필요로 하지 않기 때문에 젊은 여성들이 적은 자본으로 비교적 쉽게 시작할 수 있어서 짧은 기간 안에 상당히 많은 매장이 생겨났다.

하지만 결과적으로 보면 요즘 많은 매장이 사라지고 있다. 그 이유는 전문성이 많이 부족하거나 쉽게 생각해서 지속적인 개발이나 품질 향상이 없었던 이유가 크다. 단순하게 배우고 따라 하다가 창업해서 실패하는 전형적인 케이스다. 전문성이 약해 나만의 강점으로 확장시키기엔 한계가 너무 분명했다.

새로운 브랜드가 유행한 후자의 예로는 생과일주스 전문점이 있다. 한때 한 브랜드를 중심으로 저렴한 생과일주스 전문점 붐이 일어났고, 실제로 많은 고객에게 사랑받았다. 그러나 비슷한 브랜드도 많이 생겨나 경쟁이 점점 더 심해졌다. 이렇게 생과일주스 전문 프랜차이즈점들이 서로 경쟁할 때, 경쟁 프랜차이즈와 비슷해 보이는 개인 브랜드 전문점이 생기기도 한다. 프랜차이즈 브랜드에 들어가는 비용이 크니, 개인 브랜드가 더 좋은 결과를 낼 것으로 기대했을지도 모른다.

하지만 이런 경우 정말 몇 달을 버티지도 못한 매장이 대부분이다. 그 이유는 당연히 규모의 경제다. 생과일주스 아이템의 핵심은 원자재의 대량 유통으로 인한 단가 하락인데, 아무리 본사 마진을 주지 않는다고 해도 개인 사업체가 프랜차이즈 기업의 규모를 넘을 수는 없다. 이런 비슷한 예는 짬뽕, 핫도그 등 얼마든지 많다. 큰 고민 없이 유행에 끌려간 창업은 실패로 이어지기 쉽다.

브랜드 창업의 고려사항

창업은 리스크와의 싸움이다. 나만의 무기가 없다면 당연히 리스크를 줄일 수 있는 프랜차이즈를 선택하는 것이 훨씬 현명한 방법일 수 있다. 하지만 프랜차이즈를 선택하는 것조차도 그렇게 만만한 것은 아니다. 아마 프랜차이즈 창업박람회에 한 번이라도 가본 사람이라면 충분히 공감할 것이다. 현재 프랜차이즈 산업은 대한민국뿐만 아니라 전 세계에서 엄청난 규모로 발전하고 있다. 그만큼 수많은 브랜드가 생겨나고 또 없어지고 있다는 뜻이기도 한다.

2016년 기준 프랜차이즈 가맹본부 수	4,268개
2016년 기준 프랜차이즈 브랜드 수	5,273개
2015년 기준 가맹점 수	218,997개 (외식업 10,890개, 48.8%)
2015년 기준 신규 개점 수	41,851개
2015년 기준 폐점 수	24,181개

자료에서 보듯이 현재 우리나라에 프랜차이즈 본부만 4천 개가 넘고, 브랜드만도 5천 개가 넘는다. 심지어 하루 평균 115개의 가맹점이 새로 오픈하고 66개의 가맹점이 문을 닫는다. 정말 소름끼치게 치열하고 살벌한 시장이라고 말할 수 있다.

그렇다면 나는 어떤 브랜드를 선택할 것인가?

쉽게 선택할 수 있는 문제는 아니다. 특히 5천 개가 넘는 브랜드는 각자의 특성도 다르고 강점도 다르다. 심지어 내가 모르는 것이 훨씬 더 많이 있다. 그렇다면 나는 어떤 기준으로 브랜드를 분류하고 검토할 것인지부터 생각해야 한다.

대자본 신규 브랜드 (창업비용↑ / 브랜드 인지도↓)	
장점	· 안정적인 창업 지원(홍보/이벤트) · 기업 네임밸류 · 안정적인 개발 프로세스
단점	· 높은 창업 비용 · 불확실한 아이템 경쟁력

안정적인 검증 브랜드 (창업비용↑ / 브랜드 인지도↑)	
장점	· 검증된 수익모델 · 안정적인 창업/운영 지원 · 지속적인 개발 투자 · 누적된 운영 노하우 공유 · 안정적인 고객 충성도
단점	· 높은 창업 비용 · 익숙해진 브랜드 이미지

소자본 신규 브랜드 (창업비용↓ / 브랜드 인지도↓)	
장점	· 낮은 창업 비용(대자본 대비) · 높은 브랜드 집중력(단일 브랜드)
단점	· 불안정한 창업 지원 · 불확실한 아이템 경쟁력 · 낮은 자본력에 의한 경영 불안

소자본 트렌디 브랜드 (창업비용↓ / 브랜드 인지도↑)	
장점	· 높은 브랜드 인지도, 고객 관심도 · 상대적으로 낮은 창업 비용
단점	· 불안정한 창업/운영 지원 · 동일 아이템 브랜드 등장 가능성 · 불확실한 브랜드 경쟁력의 지속성 · 브랜드(기업) 매매 가능성

이렇게 정리하고 보면 아주 분명하게 비교가 된다. 많은 비용을 투자할수록 안정적인 수익을 기대할 수 있고, 투자가 적어지는 만큼 리스크도 커질 수 있다. 또 한 가지 중요한 것은 큰 비용을 투자한다고 하더라도 100%의 성공을 보장받는 것도 아닐뿐더러, 유명하고 안정적인 브랜드일수록 원하는 장소에서 원하는 일정에 창업하기는 더 어려운 경우도 많다. 결국 개인 창업에 비해 쉬워 보이긴 하지만, 브랜드를 선택하기 전까지는 또 많은 고민을 할 수밖에 없다.

프랜차이즈의 경우 가장 주의해야 하는 부분이 자신의 경험에 너무 많은 의미를 부여하는 것이다. 예를 들어 친구 동네에서 새로 생긴 매장이 인기를 끌고 있다고 하자. 친구와 함께 그곳을 둘러보면서 이야기하다가 동네에서 인기가 높고 매장을 이용해본 친구도 만족도가 높다고 한다. 이런 얘기를 하고 집에 와보니 우리 동네에는 그 브랜드 매장이 없다. 순간 기회라는 생각이 들어 진지하게 고민을 하기 시작한다. 혹시나 하는 마음에 지인들에게 물어보니, 많이들 모르긴 하지만 몇몇은 그 브랜드를 알고 우리 동네에 없어서 아쉽다고 얘기한다. 장난처럼 "내가 하나 차릴까?" 하니 잘될 것 같다고 한다. 그래서 그 브랜드 가맹본사에 상담을 받고 창업을 준비한다.

이 상황에서 가장 큰 오류는 무엇일까?

첫째, 본인의 경험만으로 너무 많은 확신을 한 것이다. 자신의 확신으로 가맹상담을 받는 순간부터는 나의 확신을 더욱 부추기는 말만 듣게 된다. 그 시점에서 객관적인 판단능력은 이미 상실되었다는 것이다. 물론, 정말 운이 좋아 진짜 대박이 날 수도 있다. 하지만 그런 일이 쉽게 일어나진 않는다.

둘째, 나에게만 온 기회라고 착각해서 그런 일이 발생한 이유를 놓쳐버렸다. 친구 동네에 그 브랜드가 있고 우리 동네에 그 브랜드가 없는 건 이유가 있을 것이다. 특히 그 브랜드가 이미 이름이 있는 안정적인 브랜드라면 더 분명하다. 우선은 그 이유를 알아봐야 한다. 눈에 뻔히 보이는 기회에 아직 아무도 반응하지 않았다는 건, 오히려 내가 보지 못하는 리스크가 존재할지도 모른다.

셋째, 나의 취향이나 평가는 우리 상권의 고객들의 성향을 대표하지 않는다. 즉 나의 신선하고 긍정적으로 다가온 경험이 다른 사람에게는 그렇지 않을 확률이 더 크다는 말이다. 그 브랜드 아이템에 대한 나의 경험과 외부 평판을 충분히 수집하고 객관화해서 분석할 필요가 있다.

마지막으로, 고객으로서의 경험과 가맹점주로서 매장을 운영하는 것은 아주 큰 차이가 있다. 아주 훌륭한 서비스와 차별화된 품질일수록 운영자의 노력이 더 필요하다는 것은 너무나 당연한 말이다. 내가 오너로서 모든 과정을 감당할 수 있을 것인가에 대한 고민도 있어야 한다.

그렇기 때문에 이 경우처럼 브랜드 매장 창업에 관심이 생겼다면, 이런 과정을 거쳐볼 것을 제안하고 싶다.

1) 브랜드와 본사에 대해 조사한다. (전국 가맹사업 현황 포함)

2) 해당 지역 가맹점 오픈 시기 및 월 평균 매출을 조사한다. (본사를 통해 확인)

3) 해당 브랜드 매장을 5개 이상 방문해본다.

4) 우리 지역과 해당 지역의 상권을 비교 분석한다. (인구 수, 구성, 비율 등)

5) 지역 카페를 통해 브랜드 평판을 조사한다.

6) 가맹점 개설 가능한 장소를 물색한다. (본사에 요청 가능)

7) 본사에서 창업 상담을 받는다. (본사 미팅)

8) 타 매장에서 근무해본다. (아르바이트 등)

급하게 진행해야 하는 부분이 아니라면 이와 같은 과정을 거쳐서 창업준비를 하는 것이 좋다고 생각한다. 이런 과정들이 너무 거창하거나 단계가 많아 보이지만, 실제로 본인의 의지만 있다면 마지막 항목을 제외한 나머지는 2~3일 안에 진행 가능하다.

우리는 가끔 자신의 촉을 이미 정답으로 생각하는 경우가 있다. 그리고 그 정답지에 맞춰서 나머지 부분들을 채워나간다. 하지만 자신의 생각보다 훨씬 더 많은 사람이 고민하고, 호시탐탐 새로운 기회를 노리고 있다. 우연으로 성공을 거머쥐는 경우는 거의 없다. 그렇기에 자신의 경험을 너무 과대평가해서는 안 된다. 창업을 하기 전까지 자신은 단지 한 명의 고객일 뿐이다. 그리고 한 명의 고객 반응으로 얻을 수 있는 정보는 생각보다 크지 않다.

창업은 어쩌면 내 인생을 통채로 거는 아주 위험한 도박일지도 모른다. 프랜차이즈는 참 안정적인 선택지일 수 있지만 내 인생을 걸어야 한다는 사실은 변하지 않는다. 그러니 조금 더 신중하게 고민해도 절대 늦을 리는 없다.

02

나에게 맞는 옷을 입고 있는가?

우리는 살면서 많은 선택과 우연을 경험한다. 그것이 지금 나의 모습, 나의 직업, 나의 위치를 만들어주었다. 그렇게 우리는 살면서 많은 역할을 지나왔고, 그 역할들은 그렇게 쉽지만은 않아서 때로는 거부하거나 피하기도 하고, 어쩔 수 없이 이를 악물고 견디기도 하고, 나도 모르게 적응하기도 했다.

창업은 또 다시 새로운 역할을 맞이해야만 하는 순간이다. 지금까지 경험했던 것과 아주 다른 고난을 줄지도 모르지만 감당해야 한다. 결국 자신의 경험을 토대로 제대로 예측하고 준비해야만 새로운 역할을 잘 수행해나갈 수 있다.

만약 창업을 하고자 한다면 본인의 성향이나 적성이 나와 맞는지 미리 체크해야 한다. 창업교육을 진행하다 보면 가장 곤란한 상황 중 하나가 교육을 받으러 오신 분이 성격진단이나 상담을 진행 하다가 "나는 욱하는 성격이 있다", "난 참을성이 부족하다", "나는 미안하다는 말을 잘 못한다"는 말을 할 때다.

서비스는 잘하는 사람이 하는 것이 옳다. 기본적으로 남들을 배려하고 소통하는 데 어려움이 없으며, 감정적인 부분을 잘 조절할 수 있는 사람이라면 별다른 교육을 받지 않아도 곧잘 해나간다. 그러니 고객을 응대하는 창업을 하고자 한다면 본인에게 서비스 마인드가 있는지, 그런 일을 스스로 잘해낼 수 있는지가 가장 중요하다.

하지만 보통은 "뭐든지 잘할 수 있다"는 식의 막연한 생각, "사람은 누구나 닥치면 한다"는 막무가내 마인드, "뭐 어떻게 든 되겠지" 하는 대책 없는 상태로 접근하면 결국 스스로 견디지 못하고 마는 경우가 많다.

한때 모 외식 대기업에서 명예 퇴직을 하는 본사 임원들에게 위로하는 차원으로 그 회사 브랜드의 매장을 하나씩 오픈해준 적이 있다. 본사 입장에서는 회사를 위해 열심히 일해준 분들이 여유 있는 노후를 보내도록 배려한 일이었고, 10명 넘는 임원이 그 혜택을 받았다. 본사 임원 출신이 직접 매장을 운영하면 다른 매장들에게도 좋은 모범 사례를 만들 수도 있겠다는 부수적인 효과도 기대할 수 있었다.

하지만 금세 문제가 드러났다. 그들 대부분은 직장생활을 하면서 어느 순간부터 부하직원들에게 대우받는 것이 익숙해져 있었는데, 이제 와서 누군가에게 서비스를 제공하는 일을 하는 게 생각보다 훨씬 어려웠던 것이다. 심지어 서비스 문제로 곤란해했던 분들은 그나마 의지라도 있었던 경우였고, 실은 대부분이 왜 고객에게 친절하게 서비스를 제공하고 고객 중심으로 사고해야 하는지조차 이해하지 못했다. 매장을 찾은 고객에게 인사를 안 하는 것은 기본이고, 고객의 질문을 무시하거나 심지어는 고객을 내쫓듯이 밀어내는 분들도 계셨다. 얼마 되지 않아 해당 매장에 대한 컴플레인이 쏟아졌고, 예상치 못한 결과에 본사는 결국 모든 결정을 백지화했다.

결국 서비스업은 할 사람이 정해져 있는 걸까? 나는 "YES"라고 대답한다. 다만 반대로 서비스업을 하지 말아야 할 사람이 정해져 있는 건 아니라고 덧붙인다. 지금은 준비가 되지 않았더라도 노력으로 변할 수 있기 때문이다. 물론 쉽지 않지만 의지만 있다면 가능성이 있다. 중요한 것은 지금은 몸에 맞지 않는 옷이지만 그 옷을 입고 싶은 마음이 있는가의 문제다.

대부분의 다이어터가 적어도 한 번씩은 해본 일이 있을 것이다. 나에게 맞지 않는 작은 사이즈의 옷을 사거나, 버리지 않는 것. 주변 사람들이 "입지도 못할 옷을 왜 사냐"며 비아냥거리기도 한다. 이런 말을 듣기 싫거나 겁이 나서 내 몸에 맞는 넉넉한 옷을 입고 다닌다면, 다이어트에 대한 좋은 자극을 놓친다고 생각한다. 내가 입고 싶은 옷을 사는 것은 아주 중요하다. 옷을 사서 걸어놓고 구경만 하는 게 아니라 너덜너덜해질 정도로 맞지 않아도 계속 입어봐야 하며, 오늘은 어디까지 들어가는지, 내가 체중이 준 건지 그 옷이 늘어난 건지 몰라도 옷을 산 첫날보다 조금씩 그 옷을 더 잘 입을 수 있도록 변해가는 내 모습에 즐거워해야 한다. 그리고 언젠가이 옷을 딱 맞게 입은 얼마나 멋질지를 계속 상상해야 한다.

스스로 서비스업에 맞지 않는다고 생각하는 사람은 고객과 대화하기를 겁낸다. 특히 인상이 강하거나 기분이 나빠 보이는 인상의 고객이 다가오면, 그들은 심장이 뛰고 등줄기에 땀이 흐른다고들 한다. 결국은 피하고 도망가거나 서비스를 잘할 것 같은 직원을 뽑고 본인은 한발 뒤로 물러서고 만다. 어쩌면 그게 가장 현명한 방법일지도 모른다. 하지만 결국은 고객을 마주할 수밖에 없다. 그렇다면 차라리 하루라도 빨리 적응하는 게 유리하다.

큰 베이커리 매장에 고객이 재방문했다. 전에 사간 제품에 대한 불만이 있다며 카운터에 근무하던 직원에게 큰소리로 화를 냈다. 매장 내에는 사장님이 빵을 정리하고 있었다. 아주 강성이었던 고객은 직원이 아무리 사과를 해도 본인의 불만만 계속 이야기했고, 직원은 당황한 채 어쩔 줄 몰라했다. 급기야는 고객의 입에서 예상했던 말이 나왔다.

"여기 사장 누구야? 사장 나오라고 해!"

직원은 사장님을 바라봤지만, 어이없게도 고객이 그 말을 하는 순간 사장님은 아주 조용하게 매장을 빠져나가고 있었다. 이 이야기를 나에게 전해준 건 그 직원이었고, 이미 매장 사장님의 대한 신뢰는 쌀 한 톨만큼도 남아 있지 않았다.

혹시 내가 고객을 직접 대면해야만 하는 분야의 창업을 준비하고 있다면 다음 체크리스트를 통해 냉정하게 본인을 판단해보자.

1. 나는 고객을 직접 응대해본 경험이 있는가? (아르바이트 포함)

2. 고객 응대 경험이 있다면 나는 잘한다고 생각하는가?

2-1. 고객 응대를 못한다고 생각한다면 무엇이 문제라고 생각하는가? (성격·경험·스킬 등)

3. 고객 응대 경험이 없다면 잘할 자신이 있는가?

3-1 고객 응대에 자신이 없다면 무엇이 문제라고 생각하는가? (ex: 성격/경험/스킬 등)

4. 나는 매일 100명 이상의 고객에게 화내지 않고 웃으며 응대할 수 있는가?

5. 나는 나에게 화내는 고객에게 10번 이상 죄송하다는 사과를 할 수 있는가?

6. 나는 직원이나 동료·가족을 대신해 기꺼이 화내는 고객을 응대할 수 있는가?

7. 나는 육체적으로 힘든 순간에도 웃으면서 사람들과 대화할 수 있는가?

8. 나는 감정이 안 좋은 순간에도 웃으면서 출근인사를 건넬 수 있는가?

9. 나는 나만의 확실한 스트레스 해소 방법을 가지고 있는가?

10. 나는 무슨 일이 있어도 화내거나 욱하지 않을 자신이 있는가?

스스로 할 수 있는가? 혹은 할 자신은 있는가? 해낼 의지는 있는가를 체크해야만 한다. 만약 능력도 자신도 의지도 없다면 당신은 맞지 않는 옷을 선택한 것이다. 창업에서 오너의 역할은 누군가가 억지로 맡아서 잘 해낼 수 있는 자리가 아니다.

흔히 서비스업을 "누구나 할 수 있지만 아무나 할 수 있는 것은 아니다"라고 표현한다. 그런데 고객을 응대하는 서비스업종으로 창업하는 것은 여기에 레벨이 몇 단계는 더 상회하는 것이다. 오너에게 고객 응대 능력이나 의지는 당연히 필요한 뿐만 아니라 더 많은 다양한 사람들과 소통하고 감정을 적절히 제어하는 능력까지 있어야만 한다. 안정적이고 오로지 고객에게만 집중할 수 있는 상황에도 쉽지 않은 것이 고객 응대인데, 건물주·각종 거래처·직원·가족과의 껄끄러운 상황 속에서도 큰 문제 없이 고객을 응대한다는 일에 필요로 하는 능력치가 다르다. 여기에 직원들보다 더욱 적극적으로 영업 활동도 해야 한다. 어쩌면 창업하기 이전에는 전혀 경험해보지 못한 어려운 상황들이 동시에 몰려오기도 한다.

겁을 주거나 포기하라는 말이 아니라, 각오하고 준비하라는 말이다. 창업은 당연히 쉽지 않고 아무나 할 수 있는 일도 아니다. 하지만 해낼 수만 있다면 그 결과는 그만큼 달콤할 것이다.

내가 직원으로 일할 때는 내 모든 장점과 단점이 평가되어 내 월급으로 주어진다. 즉 내가 아무리 좋은 응대로 고객들을 만족시켰다고 하더라도 나의 수익이 정해진 월급보다 더 많이 주어지지 않고, 실수를 하더라도 일반적인 최악의 상황은 더 이상 급여를 받지 못하는 상황, 즉 퇴사처리에서 끝난다. 하지만 창업은 다르다. 나의 행동에 대한 결과는 훨씬 더 여파가 클 수밖에 없다. 잘못되었을 경우 리스크가 그만큼 크다고 겁먹을 수도 있지만, 내가 고객에게 좀 더 좋은 서비스를 지속적으로 제공할 수만 있다면 이 사업의 궁극적인 목적인 수익창출에 직접적인 영향을 줄 뿐만 아니라 그로 인해 나의 미래가 달라질 수도 있다.

창업이라는 것은 어쩌면 인생의 가장 큰 전환점일 수 있다. 단순히 달리는 방향만 달라지는 전환점이 아니라 지금까지와는 마음가짐도 자세도 태도도 전략도 모두 달라져야 한다. 지금까지와 같은 마인드로 단순히 방향만 바꾼다면 변하는 건 없다. 달려오며 보던 풍경을 다른 방향에서 한 번 더 바라볼 뿐이다. 지금까지와는 다른 삶을 위해 전환점을 선택했다면 이제 새로운 옷을 입을 준비부터 해야 할 것이다.

03

나만의 브랜드 만들기

창업에서 지름길이 있다면 당연히 '프랜차이즈'를 말하곤 한다. 다만 프랜차이즈의 경우 고속도로와 같아서 분명히 더 편하고 빠르지만 그만큼의 비용이 지불되는 것이 사실이다.

프랜차이즈를 선택할 때 염두에 두어야 할 것이 있다. 바로 나만의 무기가 없다는 것이다. 즉 창업을 준비하면서 나만의 무기로 고객을 창출하고 수익을 올릴 수 있는 방법이 없다면, 비용이 더 발생하더라도 다른 사람의 무기를 빌려 쓰는 방식이 프랜차이즈다. 반대로 이야기하면 내가 창업을 하지 않고 나의 브랜드로 창업을 원한다면 먼저 냉정하게 판단해야만 한다.

"나는 나만의 무기가 있는가?"

나만의 무기

경험

직장인이 창업을 꿈꾸면 보통 가장 쉽게 생각하는 것이 지금까지 해온 경험을 무기로 한 창업이다. 경험은 해당 분야의 업무 경험, 인맥, 고객 데이터나 성향 분석 자료 등이 될 수 있다. 인맥은 원자재 유통이나 판매루트 등 직접적으로 수익 창출에 영향을 미치는 요소들이다. 즉 이 분야에서 오랜 경험이 있고, 이 시장의 특성을 이해하고 있을 뿐만 아니라 나름의 인맥도 있어서 창업을 하기만 한다면 성공할 수 있다고 판단한다.

경험으로 창업을 꿈꾸는 사람들에게 가장 주의해야만 하는 것은 바로 이런 마인드다. 누군가와 업무를 진행하다 보면 눈에 의욕이 가득 찬 사람들을 만나곤 한다. 이런 사람들은 비록 월급을 받더라도 자기가 오너인 것처럼 주도적으로 열심히 일한다. 처음부터 그렇게 의욕적인 모습을 보이는 경우도 있고, 일을 하다 보니 업무에 대한 비전이 보여서 달라지는 경우도 있다. 이런 부류의 직원은 일도 열심히 하고 다른 사람들에게도 좋은 영향을 준다. 다만 의욕적이고 열정적인 모습이 다른 사람들에게도 비춰지기 때문에 가끔 큰 의미 없는 말들을 듣기도 한다.

"○○○ 씨는 진짜 일을 잘해 따로 독립해도 성공하겠어."

"○○○ 씨는 조만간 따로 나가서 사장님 되겠는데? 성공하면 나

잊으면 안 돼."

"이제 슬슬 자기 사업 할 때 되지 않았어? 나오기만 하면 내가 팍팍 밀어줄게."

이런 달콤한 칭찬은 이미 창업의 꿈을 꾸기 시작한 사람이 창업을 하는 순간 대박이 날 거라는 헛된 희망을 갖게 한다.

하지만 그 말들이 모두 진심일까? 그들의 말을 정말 무조건 신뢰해도 되는 것일까?

'내가 지금 무기라고 느끼는 것들이 정말 나만의 무기인가?'

'이 무기가 과연 정말 효과적인가?'

'나는 내 무기를 객관적으로 검증할 수 있는가?'

내가 잘 알고 있다고 생각한 시장에 뛰어드는 순간, 나에게 일을 가르쳐주고 이끌어주던 나의 멘토와 동료는 바로 위협적인 경쟁자로 바뀌게 된다. 그렇기 때문에 당연히 그 경쟁자가 나에게 순순히 시장을 내어주고 나를 지원하리라는 보장은 없다. 쉽게 말해서 내가 위협적이지 않다면 계속 위협적이지 않기를 바랄 것이고, 내가 위협적일수록 나를 경계하고 견제할 것이다. (물론 아무런 조건 없이 나의 성공을 도와주는 좋은 멘토나 동료도 많다. 그런 분들의 존재를 부정하는 것이 아니라 창업의 단계에서의 리스크를 고려해보자는 뜻이다.)

또한 내가 인맥이라고 생각하는 거래처와의 관계나 유리한 조건이 나에게도 동일하게 적용되리라는 보장은 없다. 많은 거래처는 오랜 시간 쌓아온 신뢰를 기본으로 조건들이 형성된다. 그리고 나는 이미 나의 경력만큼 그들과의 신뢰가 쌓여 있다고 생각하겠지만, 실제로는 그들은 나와 신뢰를 쌓은 것이 아니라 내가 근무했던 사업체와 신뢰가 쌓인 것이다. 그러니 그들이 나에게 했던 수많은 칭찬도 나를 고용하고 있는 사업체에 대한 칭찬도 포함한 것이다. 특히 가장 중요한 것은 내가 창업하는 순간 그들에게 나는 또 다른 거래처일 뿐이며, 심지어 이제 시작하는 초보 사장이다. 내가 만약 나의 경험으로 창업을 계획한다면 창업을 하기 전에 진지하게 점검해봐야 한다.

① 나의 창업이 기존 사업체와 시너지를 낼 수 있는가?

사업은 결국 이윤으로 움직이기 때문에 기존의 업체에서 제대로 된 도움을 얻고자 한다면, 그들에게도 그만큼의 이득이 있어야만 구체적인 도움이 발생할 것이다.

기존의 사업체의 경쟁사를 위협하는 포지션을 잡는다거나 비효율적이지만 놓을 수 없는 시장을 공략한다거나 연계해 새로운 수익을 창출할 수 있는 모델을 개발하는 것과 같은 방법이 있어야 한다.

② 거래처와의 관계에 대한 명확한 사전 계약이 가능한가?

막상 창업을 하는 순간 이러저러한 이유로 구두로 약속한 모든 것이 달라질 수도 있다. 창업 전에는 기존에 몸담은 업체와 같은 조건으로 거래하자고 했던 거래처가 있을 때는, 이 계약을 미리 할 수 있는지를 확인하고 나의 창업에서 이 계약 조건이 아주 중요하다고 강력하게 어필해야만 한다.

③ 나의 고객리스트나 고객자료가 나를 도와주는 다른 사람들의 밥그릇을 뺏는 것은 아닌가?

"사회생활은 편을 많이 만드는 것보다 적을 만들지 않는 것이 중요하다." 결국 나의 창업이 누군가에게 구체적인 위협이 되는 순간 나의 편이 적으로 돌아선다. 나와 인연이 없던 새로운 경쟁자들의 시장을 위협하는 것은 문제가 되지 않겠지만, 적어도 나의 사업에 도움이 되던 사람들을 위협하는 것은 피해야만 한다.

나의 경험으로 나만의 브랜드를 만들어 창업하려 할 때, 무조건 같은 방법으로 가는 것은 안 된다. 이미 같은 아이템으로 성공한 사업체가 있고, 그곳에서 쌓은 경험으로 같은 걸 시작한다면 당연히 이미 지는 싸움이다. 그곳에서 쌓은 나의 경험에 새로움을 더해야 하며, 되도록 기존의 시장을 나눠먹는 것보다는 새로운 시장을 개척하는 방향이 향후 발전 가능성이 높다. 특히 온전하게 독립해 새로운 브랜드를 만드는 것도 좋지만, 가능하다면 기존의 사업체와 연계해 안정성과 시너지 효과를 함께 볼 수 있는 방향이 좋을 것이다.

예를 들어 기존 사업체에서 시범적으로 테스트했던 아이템을 협의를 통해서 별도 사업으로 오픈한다거나 하는 방법을 찾아야 한다. 기존 치킨 매장에서의 경험을 살려 돈까스 매장을 창업해 튀김 조리의 강점을 살리되, 치킨과 별개의 시장을 개척하고, 연계되는 마일리지 시스템을 통해 시너지를 노리는 등을 예로 들 수 있다.

경험을 바탕으로 하는 창업에서 가장 우려해야 하는 부분은 익숙함에 대한 내성이다. 성공하는 모델을 목격했기 때문에 비슷한 방법이면 성공할 수 있을 것이라는 안일함이 창업의 치열함을 망각하게 할 수도 있다. 기존에 성공한 모델은 지금은 익숙하고 평범한 시스템일지라도 그 사업의 창업 당시에는 새롭고 획기적인 것이었을지도 모른다. 나의 경험은 좋은 무기일 수 있겠지만 정말 제대로 활용하기 위해서는 새로운 마음으로 갈고 닦아야 한다는 사실을 잊어서는 안 된다.

레시피·기술

나만의 레시피나 기술을 보유하고 있는 경우는 크게 두 가지로 나눌 수가 있다. '프로로서 검증되어 있는가?'이다. 쉽게 말해서 그 레시피와 기술로 수익을 창출한 적이 있느냐는 질문이다.

① 프로의 경험은 없는 경우

개인적인 역량이 뛰어나거나 전수받은 기술로 창업을 하려고 하는 경우 대부분의 모니터링은 주변 사람들에게 국한되어 있는 경우가 많다. 즉 비슷한 취향의 대상에게 무상으로 제공되는 조건에서 받은 평가는 기본적으로 우호적일 수밖에 없다. 하지만 위에서도 말했듯이 창업의 꿈을 꾸고 있는 사람들에게 그런 평가들은 달콤하기 그지없다.

"이거 장사해도 되겠는데?"

"이거 내가 사먹은 것보다 맛있어."

"SNS에 올려봤는데 대박이래!"

이런 달콤한 말은 창업자의 자신감을 키워주지만, 자신감은 무모한 도전으로 이어지기 쉽다.

우선 이 부분에서 가장 중요한 것은 생산 규모다. 내가 주변 지인들에게 선물하는 일은 '즐겁게' 할 수 있는 수준이지만, 사업으로 확장되는 순간 모든 과정은 규모에 따라 엄청난 과정을 발생시킨다. TV에 출연한 더본코리아 백종원 대표가 음식 솜씨 좋은 사람에게 이런 조언을 한 적이 있다.

"장사를 하고 싶으면 1시간 안에 50인분을 만들어 보세요. 그렇게 만들었는데도 동일한 맛을 유지할 수 있다면 모르겠지만, 그렇지 않다면 (창업은) 꿈도 꾸지 마세요."

프로의 세계는 냉정하다. 단순히 기가 막힌 레시피를 가지고 있다고 해도, 장사를 해도 되겠다는 제안이 줄을 잇는다고 해도, 사업은 다른 이야기다. 기본적으로 물량이 늘어나면 모든 조리도구가 달라지고 재료의 배합도 달라진다. 조리도구의 성능에 따라 조리법은 또 달라져야 하며, 그에 따라 모든 과정에서의 수정도 불가피하다. 나의 레시피나 기술이 사업에 적합한 것인지에 대한 고민이 우선이다.

"대량 생산을 위한 기물을 다룰 수 있는가?"

"대량 생산을 위한 레시피 변경이 가능한가?"

"대량 생산을 위한 사전 작업의 수행이 가능한가?"

"생산 전 준비·생산 과정 관리·생산 후 조치를 모두 감당할 수 있는가?"

"나 혼자만으로 불가능하다면 인력구성·운영·포지션·인건비 대비 소득은 어떻게 구성할 것인가?"

그래서 선행해야 하는 것은 반복적인 연구와 연습이다. 대량 생산에 대한 사전 준비와 연습 매장 운영에 대한 시뮬레이션이 충분히 진행해야 창업 가능성이 타진된다. 실제로 충분한 과정을 겪고 창업한다고 하더라도 적극적으로 홍보를 하지 않은 상태에서 주변 지인들과 가족들을 대상으로 현장에서 생산·판매를 해보는 가오픈을 통한 검증과정을 계속 진행해야 한다. 아무리 대량 생산을 연습했다고 해도 실제 고객의 주문이 들어오는 패턴을 예상할 수는 없다. 혼란스러운 상황이 이어진다고 해서 새로운 고객에게 양해를 구할 수는 없기 때문에 이른바 '오픈발'을 포기하더라도 우선 홍보보다는 안정적인 대량 생산 시스템을 갖추어야만 한다.

다만 절대 잊지 말아야 하는 것은 프로의 경험이 없는 나만의 레시피는 고객의 입장에서 분명 새로운 아이템일 수 있다. 기존의 수많은 경쟁자와의 분명한 차별성을 놓치면 안 되며, 더불어 대량 생산이라는 큰 허들을 넘기 위해 나만의 강점을 버려서도 안 된다. 예를 들어 내가 가지고 있는 레시피의 가장 포인트는 신선한 재료인데, 신선한 재료를 대량으로 공급하고 관리하는 것이 어려워서 냉동 식자재를 사용하거나 가공된 재료로 변경한다면 경쟁력은 떨어질 수밖에 없다. 그렇다면 핵심을 바꾸는 것이 아니라 나의 강점을 대량으로 관리할 방법을 찾고 노하우를 늘리는 것이 성공적인 창업을 위한 필수 조건이다.

② 프로 경험이 있는 경우

이런 경우는 대부분 위에서 언급한 것과 같이 나의 경험 중심의 창업인 경우와 겹친다. 따라서 어떻게 보면 장단점이 뚜렷하다고 볼 수도 있다. 장점은 기본적인 대량 생산에 대한 이해나 스킬을 보유하고 있고, 오히려 기존 경험에서의 단점을 보완해 더욱 안정적이고 효율적인 시스템을 구현할 가능성도 높다. 반면에 기존의 경험에 의존해 사고의 넓이가 상대적으로 좁을 수 있고, 내가 경험했던 일들이 나에게 이미 답을 정해버린 것일 수도 있다. 당연히 성공적인 나만의 브랜드 창업을 위해서는 장점을 충분히 활용하고 나만의 색을 효과적으로 섞는 작업일 것이다. 과거의 경험에서 오는 오답노트는 분명히 쓸모가 있다. 비슷한 실수로 실패를 할 필요는 없기 때문에 참고해 리스크를 줄여나갈 수 있다. 성공노트의 경우 내가 똑같이 한다고 해서 나도 성공하리라는 보장이 없다. 나만의 새로운 성공노트를 만들어 보겠다는 마음으로 새롭게 도전하는 것이 좋다. 특히, 지속적으로 나만의 장점, 내가 하고 싶은 것, 사람들이 나를 좋아해주었던 이유들을 끊임없이 떠올리고 정리해 나가야 한다. 내가 독립해 나만의 사업체를 만들어 간다는 것은 누가 봐도 나라는 분명한 색채를 가지고 있어야 한다는 뜻이기도 하기 때문이다. 게다가 가장 유의해야 하는 것은 과거의 경험은 조직의 일원으로서의 경험이다. 하지만 나의 창업은 대부분 나에게 다양한 역할을 동시에 수행하기를 강요한다. 즉, 생산자의 역할도 해야 하지만 관리자의 역할도 있고, 경영자의 역할과 사생활에서의 나의 역할도 분명히 요구될 것이다. 나는 이 모든 것을 동시에 해나갈 능력이 있는지, 혹은 언제까지 지치지 않고 버틸 수 있는지를 생각해볼 필요가 있다. 창업 규모가 크든 작든 그 나름대로의 역할에도 어려움이 있다. 그 모든 것을 감당할 자신이 있는지 확신이 있어야 한다. 특히 나만의 브랜드는 이 모든 것을 하면서 새로운 고객들을 대상으로 홍보마케팅 활동도 해야 한다.

흔히 좋은 선수가 꼭 좋은 감독이 되는 것은 아니라고 말한다. 감독에게는 경기장을 위에서 내려다보듯 모든 것을 보며 관리하는 역량이 중요하기 때문이다. 경력을 쌓으며 창업을 계획하는 사람이라면 내가 맡은 부분에서의 경험도 중요하지만 지금 사업체의 오너가 어떤 일을 하고 있고 어떻게 운영해 나가는지를 관심 있게 지켜보는 것도 중요하다.

③ 자신의 무기가 감성과 관계된 분야인 경우

본인이 가지고 있는 무기가 인테리어나 디자인 등 예술적 역량이라고 한다면, 나의 브랜드로 창업하는 데는 아주 중요한 강점이 될 수 있다. 나만의 브랜드를 만들 때 필요한 디자인 요소와 브랜딩 작업을 무시할 수 없기 때문이다.

고객이 한 업체를 이용할 때 그 업체의 주요 역량을 직접 체험하기는 쉽지 않다. 마치 위에서 이야기한 생과일주스 프랜차이즈의 핵심 역량이 식자재 대량구매로 인한 원가 절감인 것처럼 말이다. 대부분 브랜드 디자인 감성과 노출된 정보만으로 구매 혹은 이용하기로 결정하기 때문이다. 이런 요소가 새로운 고객들에게 영향을 미치는 만큼 고객의 감성에 대한 설계가 필요하다.

고객이 나의 브랜드를 이용하도록 유도하는 감성 요소에 있어 첫 번째 포인트는 '진정성'이다.

대부분 프랜차이즈의 경우 브랜드 감성은 해당 매장 운영자(가맹점 사업자)가 아니라 그 프랜차이즈 브랜드 대표의 감성인 경우가 많다. 매장 운영자와 교감하기에는 간극이 존재할 수밖에 없으며 매장 운영자는 그 브랜드의 감성을 표현하기 어렵다. 다만 좋은 프랜차이즈의 경우 그 기업의 가치나 창업자의 경영 마인드를 모든 가맹점과 공유하고 소통하기 원하고 다양한 방식의 교육이나 캠페인 등을 통해 교감하고 있다.

하지만 개인 브랜드는 다르다. 창업자가 담아낸 감성이 직접 고객과의 소통에서 드러나며 운영에도 묻어나기 때문에 직원에게도 쉽게 전달될 수 있다. 실제로 감성 설계가 잘 된 매장은 그 감성에 교감하는 직원이 오래 근무하는 경우가 많다. 고객이 그 사업장 전체에서 동일한 감성을 느끼도록 하는 효과가 생긴다. 게다가 최근 이렇게 감성적인 무기로 사업을 진행하는 사업체들의 경우, 단순히 컨셉으로 대표되는 인테리어나 디자인 요소뿐만 아니라 제품의 종류·개발, 서비스 및 고객 커뮤니케이션 요소에서도 복합적으로 적용된다. 창업자의 감성이 제대로 정리되지 않으면 고객의 공감을 얻기 힘들다. 그러므로 감성이 나만의 무기가 되기 위해서는 창업의 대한 가치관과 감성적 요소가 잘 정리되어야 한다. 단순하게 그럴싸해 보이게 만드는 것이 중요하다거나, 요즘 유행하는 트렌드를 좇아 창업하면 일시적인 관심을 끌 수 있겠지만, 결국 트렌드를 좇아 이리저리 뛰는 팔로워밖에 되지 못한다. SNS를 통해 많이 노출되는 매장이나 외국의 핫한 매장을 그대로 카피하는 방식은 결코 오래 갈 수 없다.

아무나 쉽게 따라 할 수 없는 나만의 색을 만들어야 한다. 그리고 이에 대한 확신이 있어야만 '감성'이 나의 온전한 무기가 될 수 있다.

두 번째 포인트는 품질이다. 나만의 확실한 '감성'이 있더라도 품질이 부족하다면 경쟁력이 낮다. 쉽게 말해 오직 감성만으로 성공할 수 있는 시장은 창업이 아닌 예술의 영역이다. 예술 분야에서는 감성이 기능적인 역할을 하기 때문에 생명력이 있고 경쟁력이 생긴다. 하지만 예술적 가치가 아니라면, 결국 효용가치가 분명하고 기능적인 품질이 포인트가 된다.

구 분		감 성		
		부족	양호	탁월
기 능	부족	상품성 낮음	가성비 낮음	사치성 제품
	양호	효율성 높음	무난한 제품	가심비 높음
	탁월	기능적 소비	가성비 높음	상품성 높음

모든 제품의 가격이 동일하다면 어떤 포지션을 잡을지 판단할 수 있다. 나의 강점이 독특한 감성이라면 기능이 낮을 경우 사치성 소비에 해당하므로 같은 고객에게서 반복적인 소비를 기대하기 어렵다. 좋은 감성에 적당한 기능을 갖췄다면 가격이 조금 비싸더라도 구매(이용) 후 만족감이 좋을 것이다. 따라서 감성을 주 무기로

창업을 준비한다면 나의 감성과 가치관을 정리하며, 기능도 놓쳐서는 안 된다.

어쩌면 개인 브랜드 창업의 가장 이상적인 모델은 기능을 맡은 사람과 감성을 맡은 사람의 동업이라고 할 수도 있다. 이런 경우 두 사람 다 고집과 자존심을 내세운다면 많은 갈등이 발생할 수 있다는 단점이 있다. 이런 단점을 커버할 수 있는 유능한 직원을 채용하는 것도 가장 안정적인 창업 방법이다. 창업자가 이미 감성과 기능의 역량을 모두 갖추고 있더라도 직원이 필요한 이유는, 감성 요소는 너무 바쁘거나 신체적으로 힘들거나 스트레스를 받는 경우 지속적인 발현이 어려울 수 있기 때문이다. 따라서 나의 안정적인 감성을 유지 할 수 있는 기본적인 안전장치가 필요하다.

나만의 브랜드를 만드는 것은 아주 어려우며 리스크도 크다. 초기 투자 비용이 적다는 장점으로 리스크가 적다고 할 수도 있겠지만, 반대로 아무것도 검증되어 있지 않기 때문에 살얼음 위를 걷는 것만큼 불안하고 초조한 일이다.

중요한 것은 내가 돈을 아끼기 위해서 브랜드를 만드는 것이 아니라, 나의 브랜드를 만들기 위해서 프랜차이즈를 포기한다는 마음가짐이 중요하다. 향후 미래에 이 브랜드를 통해 가맹사업을 할 수 있을 만큼 성공하겠다는 욕심도 있어야 한다.

지금도 매년 새로운 브랜드들이 생겨나고 사라진다. 그중에는 처음부터 프랜차이즈 사업을 위해 기획된 브랜드도 있고, 개인 브랜드로 시작해 큰 기업이 되는 경우도 있다. 중요한 것은 나만의 브랜드를 만드는 일은 온전히 내 몸만으로 바다에 뛰어드는 것이라고 생각한다. 바다에서 살아남기 위해 쉴 틈 없이 손발을 움직이고 올바르게 호흡을 하는 것도 중요하지만, 가장 중요한 것은 겁을 먹지 않는 것이다. 많이 고민하고 열심히 준비했다면 스스로를 믿고 힘을 빼야 한다. 그리고 넘실대는 파도에 몸을 맡겨도 그 파도를 이용할 수 있을 때 즐거운 바다 수영이 될 수 있다.

많은 고민과 충분한 연습으로 준비하고 나만의 꿈과 감성으로 나만의 브랜드를 완성해서 남들과는 다른 멋진 창업을 할 수 있다면, 크고 넓은 바다만큼 큰 꿈을 이룰 수 있을 것이다.

04

어디에서 하는 게 좋을까?

창업을 하겠다는 결정을 하고 아이템을 알아보고 브랜드까지 결정하게 되면, 이제 남는 건 바로 위치다. 내가 생각하는 창업을 어느 위치에 할 것인지? 어느 정도의 크기로 할 것인지? 관련된 일을 했던 경험이 있다면 몰라도 이 부분을 결정하는 것은 쉽지 않다. 특히 위치 선정은 결과에 절대적인 영향을 미치기 때문에 그 부분에 대한 고민은 신중할 수밖에 없다. 하지만 좋은 매장의 위치는 그만큼 비용도 비싸고 경쟁도 세기 때문에 고민과 불안함을 계속 유발시킨다. 그렇다면 어떻게 매장을 구해야 하는지에 대한 이야기를 해보자.

우리가 영화를 예약하기 위에 스마트폰 예약 어플리케이션을 켜면 선택지가 나타난다. 영화를 먼저 선택할 것인지, 아니면 극장을 먼저 선택할 것인지의 두 가지다. 영화를 먼저 선택하는 사람은 내가 보고 싶은 영화가 명확하고 그 영화의 시간에 따라 극장의 위치는 감수할 수 있다는 뜻이고, 영화관을 먼저 선택하는 사람은 내가 영화를 보겠다는 사실만 정해져 있고, 어떤 영화를 볼지는 정해져 있지 않기 때문에 내가 원하는 극장에서 시간에 맞는 선택을 하겠다는 뜻이다.

이 선택은 우리가 창업의 장소를 선정하는데도 동일하게 적용한다고 생각한다. 요즘 신도시가 많이 발달하고 새로운 상권에 상가 분양이 늘어나면서 내가 어떤 아이템의 매장을 오픈하겠다고 한다면, 먼저 유리한 매장을 계약하고 그곳에 맞는 아이템을 나중에 고민하는 경우도 있다. 이 부분의 경우는 나는 창업을 하겠다는 결정이 이미 이루어진 후이기 때문에 좋은 조건의 상가를 먼저 구할 수는 있지만, 이후에는 그 상가에 맞는 조건들을 잘 맞춰보며 선택해야 한다.

1. 새로운 상권, 새로운 상가에 분양(임대)를 먼저 한 경우

상가의 선택에 영향을 미쳤던 여러 가지 요인들이 있을 것이다. 그 요인들이 아주 중요한 힌트다. 그런 점포의 경우 대부분 아파트

단지, 신도시 계획, 관공서나 대기업이 있는지가 가장 큰 매력요소로 작용했을 것이다. (이런 요소가 없는데 계약부터 했다면 투자 가치가 명확한지 확인해야 한다.)

보통 상가를 분양하는 홍보자료를 봤을 때 주로 어떤 아이템이 들어오기로 되어 있는지, 혹은 들어오기를 바라는지에 대해 청사진을 그려놨을 것이다. 그 부분을 확인해야 한다. 대부분 같은 광고지를 보고 설득이 되기 때문에 아이템 선정에서 안정적인 프랜차이즈인 경우 이미 계약이 끝났을 경우도 있기 때문이다. 따라서 담당자에게 지속적으로 입주 예정 브랜드에 대해서는 체크해볼 필요가 있다. 뿐만 아니라 혹시 희망하는 프랜차이즈가 있다면, 가맹본부에 연락해 해당 지역에 오픈 진행이 되고 있는지도 확인해야 한다. 이 확인은 내가 설령 프랜차이즈를 오픈하지 않는다고 해도 중요하다. 당연히 프랜차이즈가 해당 상권의 아이템 구성에 영향을 미치기 때문이다.

신도시의 새로운 상권에 대형 프랜차이즈 입점은 장점과 단점이 명확하다. 예를 들어 주요 베이커리·패스트 푸드·카페가 들어선다면, 관련 아이템을 준비하는 사람들은 고민이 커진다. 물론 최근 트렌드가 프랜차이즈의 진부함으로 인한 개인 브랜드에 대한 선호도가 올라가고 있기는 하지만, 기본적으로 일정 비율의 고객을 확보해야 하는 것은 어쩔 수 없는 현실이다. 그렇다면 나는 해당 아이템을 포기하거나, 프랜차이즈와는 차별화할 수 있는 경쟁력을 만들어

가야 한다.

반대로 대형프랜차이즈가 안 들어온다면 그 역시도 반가운 일은 아니다. 실제로 한 상권이 새롭게 형성될 때는 사람을 끌어오는 힘이 필요한데 대형 프랜차이즈는 그 역할을 담당하고 있다. 특히, 일반적으로 사람들에게 그런 대형프랜차이즈들의 존재가 번화가라는 이미지를 만들어내기 때문에 꼭 그 프랜차이즈가 아니라고 할지라도 그 상권에 가면 무엇인가 내가 원하는 것이 많을 것이라는 기대 심리가 작용한다. 그렇기 때문에 그러한 신규 상권에서는 내가 대형 프랜차이즈를 어떻게 활용할 것인가가 중요하다.

한때 업계에서는 이런 소문이 돈 적이 있다. 한 떡볶이 프랜차이즈가 새로운 매장을 내기 위해 장소를 선택할 때는 그 지역의 베이커리 프랜차이즈 근처에 꼭 낸다는 것이다. 그 이유는 여러 가지가 있다.

1. 대한민국 대표 프랜차이즈이기 때문에 상권분석을 잘했을 것이다.

2. 대형 프랜차이즈 덕분에 그 상권은 더 살아날 것이다.

3. 떡볶이는 빵과 메뉴 조합이 좋다. 최근 빵 가격이 많이 올라서 빵을 많이 구매하지 못하면 옆에서 분식을 추가로 구매할 확률이 높다.

해당 기업의 담당자에게는 확인하지 못한 루머일지 모르지만 충분히 설득력이 있는 이야기이며, 그 브랜드가 많이 생길 시기에 베이커리 매장과 붙어 있는 경우를 실제로 많이 볼 수 있었다. 공식적인 정책은 아니었다고 하더라도 담당자들 선에서는 꽤 성행했던 전략이 아니었나 라는 추측을 해본다.

새로운 상권의 새로운 상가는 분명히 가치가 있다. 그 가치를 잘 활용해야만 한다. 분양 사무소나 그 지역 부동산을 돌아다니며 수시로 입점 브랜드 현황을 잘 파악해야 한다. 상가 건설 설계부터 어떤 것을 유념해서 계획했는지, 그 계획의 진행 방향 속도 등을 명확히 파악하는 것이 중요하다.

그리고 상권은 지역적 특성을 많이 반영한다고 말하기는 하지만, 그래도 비슷한 성향의 상권들은 그 발전이나 몰락의 흐름도 비슷한 경우가 있다. 요즘 수도권이나 지방 중소도시를 중심으로 늘어나고 있는 아파트 단지 상권들은 대부분 비슷한 특성을 보인다. 그렇다면 내가 분양(임대)받은 상권과 비슷한 상권들을 찾아가보는 것도 중요하다. 같을 수는 없겠지만 인구 수나 유동인구 면적 등을 고려한 후보 군들을 선택해서 미리 방문하는 것은 향후 내가 운영해나갈 창업의 예고편을 볼 수 있는 것이기 때문이다. 이왕이면 방문해서 내가 하고자 하는 아이템의 매장도 분석하고, 가능하다면 사장님과 대화를 나누며 친분을 쌓는 것도 좋다. 물론 생소한 사람의 방문과 질문이 거부감을 가져올 수도 있지만 솔직하게 이야기하고 접근한다면 이미 같은 동질감의 형성으로 인해 아주 소중한 정보들을 많이 얻을 수도 있을 것이다.

마지막으로, 새로운 상권이고 새로운 상가이니만큼 오픈 일정에 대한 고려도 중요하다. 흔히 신도시의 새로운 상가 분양은 입주가 시작되기 전부터 이뤄지는데, 실제로 그 도시에 사람들이 들어서기 시작하는 것은 상가가 다 지어지고 나서도 한참인 경우가 많다. 계약할 때는 곧 입주가 시작되고 사람들이 몰려들 것처럼 설명하지만 입주기간이 되어도 새로운 아파트는 사람들이 금방 늘지는 않는다.

그러다 보면 너무 빨리 오픈해서 월세와 운영비의 함정에서 허우적거리다 정작 사람들이 늘기 시작하는 시점에는 버티지 못하고 나오게 되는 경우들도 있다. 실제로 많은 신도시 상가들이 입주 1년 안에 바뀌는 경우가 많다. 시장이 형성되기 전에 먼저 선점했지만, 결국 그 시간을 버티지 못한 경우다. 만약 신도시의 새로운 상가라면 그 상권의 인구 유입을 객관적으로 예측하고 대비해야 한다.

2. 기존 상권에 있는 기존 매장을 인수하는 경우

창업 아이템을 고려하기 전에 기존 상권 부동산에 나온 매장을 먼저 인수하는 경우는 대부분 두 가지다. 첫째, 시세에 비해 아주 싸게 나온 경우다. 말할 필요도 없이 왜 싼지에 대한 답을 알아야 한다. 여기서 중요한 것은 절대 부동산 혹은 전 운영자의 말을 모두 믿으면 안 된다는 점이다. 가격이 많이 낮다는 것은 이미 상대방이

급하다는 것이고, 이 상황은 나에게 더 유리한 상황이다. 간혹 부동산에서는 다른 사람이 욕심을 내고 있다거나, 계약금이라도 걸라고 종용하기도 하지만, 절대 나의 페이스를 잃으면 안 된다. 좋은 상가는 절대 싼 가격에 나오지 않는다. 아무리 급매라고 할지라고 시세보다 싸다는 것은 분명한 이유가 있다. 그 이유를 내가 커버할 수 있다면 아주 유리한 상태로 창업할 수 있겠지만, 그렇지 않다면 아무리 저렴하고 좋은 조건이라도 받아들여서는 안 된다.

저렴한 상가 임대 조건 분석

① 예전 매장의 업종·매출·폐업 이유 분석

- 이 부분 자료는 받을 수 있으나, 분석은 스스로 고민하고 결과를 도출해야 한다.

② 공간 자체의 단점

- 위치·크기·부대시설·고객 동선·고객 노출 효율성(간판·홍보물)·내 구성 등

③ 예상되는 추가 비용

- 향후 보수·인테리어·추가 기물(계약 시 포함 조건인지 확인)

④ 건물주

- 건물주 성격·임대료 인상 시점·향후 재개발, 재건축 가능성

간혹 창업을 위해 상가를 알아보거나 누군가의 추천으로 상가를

보게 되었을 때 한순간에 반하게 되는 경우가 생긴다. 이미 그 순간부터 그 상가에서 창업하고 성공하고 있는 나의 모습이 머릿속에 펼쳐지기도 하는데, 하지만 착각하면 안 된다. 운명이라고 느끼는 것은 단순히 좋은 첫 만남의 경험일 뿐, 이곳에서 정말 내가 많은 돈을 벌고 성공할 수 있는지는 아무것도 보장된 것이 없다. 심지어 이제 막 창업을 시작하는 사람이라면 더더욱 운명 같은 상가를 한눈에 알아볼 능력이 있을리 없다. 대부분 상가를 보는 눈은 초보에 가깝기 때문이다. 우선 절대 대충 넘어가서는 안 된다. 매장에 대해 내가 우려되는 것들을 최대한 많이 확인해야 하며, 며칠이 걸려도 좋으니 확인하고 또 확인해야 한다.

만약 이전과 동일한 업종을 운영한다면 혁신이 필요하다. 전 매장이 왜 망했는지에 대한 냉철한 판단과 그 결과를 나의 오답노트로 활용해야 한다. 또한 지금의 주 고객들에 대한 분석도 치밀하게 이뤄져야 한다. 매장 계약을 한 순간부터 인수받기 전까지 매일 매장에 방문해서 개선할 것들을 잘 정리하고 준비해야 한다.

이전 매장과 다른 아이템을 정한다면 그 상권의 특성을 다시 분석해야 한다. 이전 매장의 단점이 새로운 아이템에서는 해결되거나 오히려 장점이 될 수 있어야 한다. 가장 중요한 것은 고객 입장이다. 고객은 그 단점을 기억하고 있다. 단점을 커버할 확실한 전략이 있어야만 그 자리에서 새롭게 성장할 수 있다.

"나라면 여기 올 것인가?"

"나라면 무엇이 달라졌을 때 오게 될 것인가?"

이 질문에 대한 답이 있을 때 성공 가능성이 그나마 높아질 것이다. 두 가지 경우 모두 제일 중요한 것은 실패의 바탕에서 새로 시작한다는 점이다. 그렇다면 더욱 제대로 준비하지 않으면 같은 실패에 빠질 가능성이 높다. 이런 부분에 있어서 가장 위험한 생각이 '나는 달라'이다. 이 말에서 '다르다'는 의미가 막연한 자신감이어서는 안 되며, 노력과 준비와 전략이 달라야만 정말 다른 성공을 이룰 수 있다.

3. 프랜차이즈를 먼저 선택한 경우

이런 경우는 우선 프랜차이즈 본부와 많은 소통이 필요하다. 상황에 따라 이미 상권이 정해져 있는 경우도 있고, 내가 원하는 상권에 이미 해당 프랜차이즈가 있는 경우도 있다. 그렇다면 우선은 본사와 소통하는 것이 중요하다. 이 부분에서는 금전적인 부분이 많은 영향을 미칠 것이다. 우선 프랜차이즈의 경우는 상권이 좋고 지리적으로 위치가 유리한 곳을 선호한다. 이유는 당연하다. 전체적으로 같은 브랜드 간판을 걸고 영업을 하다 보니 아무래도 이왕이면 브랜드 자체에 대한 홍보효과도 기대하며, 이왕이면 더 좋은 위치에서의 사업이 성공할 가능성이 높기 때문이다. 물론 가맹점을 운영하려고 하는 사람 입장에서도 이 부분은 나쁘지 않다.

프랜차이즈라는 시스템은 투자자 입장에서 투자금액이 높은 만큼 그 매출 규모도 개인매장에 비해 커야 하며 그렇다면 불리한 지리적 위치에서 불리하게 시작하기보다는 좋은 조건에서 더 많은 무기를 가지고 시작하는 것이 안정적이다. 하지만 그러다 보면 당연히 금전적인 여건에 무리가 올 수 있다. 그래서 자금 계획이 중요하다. 프랜차이즈 기업에서 근무하다 보면 가끔 매장 오픈 준비가 한참이다가 갑자기 중단되는 경우를 보게 된다. 이런 경우는 대부분 금전적인 어려움 때문인 경우가 많다. 적은 돈이 오가는 일이 아니다 보니 여유자금을 가지고 진행하는 사람들은 많지 않고, 예상보다 지출 비용이 커지게 되면 곤란한 경우가 생긴다.

보통은 공간 임대에서 시작한다. 좋은 상권에 넓은 가게는 당연히 보증금과 권리금 임대료가 높을 뿐만 아니라 공간이 넓어지면 그만큼 인테리어 비용·관리 비용이 높아진다. '넓은 만큼 많이 벌면 되지'라는 대책없는 낙관주의로 보기에는 리스크가 생각보다 커질 수 있다. 따라서 우선 아무리 프랜차이즈 본사에서 많이 알아보고 도와준다고 해도 스스로 더 많이 알아볼 필요가 있다. 우선 가능한 상권 내에 많은 부동산을 다녀보고 같은 매장 같은 시세라고 할지라도 돌아다니며 많은 이야기를 나누다 보면 나만 아는 정보들이 생긴다.

예를 들어 오픈된 보증금과 임대료는 동일하지만 부동산마다 말하는 장점과 단점이 다르다면, 겹치는 장점은 확실하지만 겹치지 않는 단점에 대해서는 다시 고민해볼 수 있다. 그리고 그 단점이 결국 계약 단계에서 임대료를 협상할 때 중요한 무기가 되기도 한다. 보통 프랜차이즈에서 도움을 주는 직원들은 그 분야 전문가이기는 하지만, 이 상권의 전문가는 아닐 수 있다. 그들은 이 지역의 매장만 관리하는 것이 아닌 훨씬 더 많은 상권과 매장을 관리하기 때문이다. 그래서 내가 하는 매장이라면 내가 스스로 더 많이 알아보고 발품을 팔아야 내가 원하는 최상의 조건의 매장을 찾을 수 있다.

프랜차이즈의 경우 내가 원하는 지역의 매장이 이미 있어서 생소한 지역에서 매장을 오픈해야 하는 상황이라면 더 중요한 부분이다. 내가 이 상권이나 지역에 대한 정보가 부족할 수밖에 없고, 심지어 내가 매장을 운영하면서도 이 지역에 거주하지 못하게 될 경우도 있다. 그렇다면 더욱 이 지역의 특성을 지속적으로 체감하지 못할 수 있다. 게다가 매장운영이라는 것은 단순하게 고객의 특성만 고려하면 안 된다. 그 지역의 인구 구성에 따라 우리 매장의 인력운영에도 영향을 미치기 때문이다. 흔한 예로 요즘 새로 구성되는 수도권 신도시의 경우, 주로 거주하는 사람들의 비율이 젊은 신혼부부나 30, 40대 부부가 주를 이룬다. 그렇다면 상권 내에 내가 필요로 하는 구직인원의 비율이 낮을 수도 있다. 내가 준비하는 업종이 배달직원을 필요로 한다면 배달직원을 구하는 것이 더욱 쉽지 않을 수도 있고, 구한다고 해도 근무 조건이 까다로워질 수 있다는 것이다. 그렇다면 그런 부분들까지 고려해야 하는 것이 당연하며, 그런 정보는 지역카페, 구직 사이트, 지역 매장 방문 등을 통해 수집해보는 것이 좋다. 이미 상권이 정해졌다고 하더라도 그러한 특징들로 운영방식이 달라질 수도 있기 때문이다.

4. 매장, 업종 선택 후 그에 맞는 매장을 고르는 경우

우선 내가 계획하는 매장의 청사진이 명확해야 한다. 상권(역세권·대학가·오피스상권·주거지역·먹자골목 등), 점포 넓이, 투자 가능 예산(인테리어 포함), 매장 기본 설비 내용(수도, 가스, 전기 등), 권리금(권리금 내 포함 내용으로 시설비, 고객 정보 등)이 있다.

오픈하고자 하는 아이템이 명확하고 그에 따른 필요한 조건들을 정리하면 매장을 구하는 일은 비교적 쉬울 수 있다. 매장의 다른 조건이 좋아도 내 아이템과 맞지 않거나 아이템을 바꿔야 한다면 제외해야 하기 때문이다. 생각하지 못한 넓고 좋은 조건의 매장을 구하게 되면 계획에 많은 수정이 필요해진다. 단지 공간의 매력에 끌려 계획을 수정해야 한다면 많은 준비가 무용지물이 될 수 있기 때문이다. 물론 새로운 공간의 매력이 커서 많은 부분을 수정하더라도 그것이 더 효과적이라면 바꾸는 것도 분명히 좋은 방법이다. 그렇다면 더욱 철저하게 준비하고 충분한 시간을 갖는 것이 중요하다.

그리고 앞에서도 언급했지만 인근 프랜차이즈의 존재도 꼭 확인해야 한다. 분명 주변의 대형 프랜차이즈는 나에게 장점도 단점도 명확하게 다가오기 때문이다. 또한 동일 업종의 개업 현황도 중요하니 동일 상권 내에 같은 업종으로 얼마나 많은 매장이 있는지도 확인할 필요가 있다.

1) 희망 상권에 나와 같은 업종의 매장이 없다면

우선 홍보 여부에 따라서 새로운 고객들을 창출하고 시장을 확보하기는 아주 좋은 조건이다. 하지만 나의 창업이 성공적이면 성공적일수록 인근에 동일한 아이템의 경쟁자들이 자꾸 생길지 모른다. 즉 이 상권에 해당 업종에 대한 확증이 없어 생기지 않거나 주춤거리던 예비 창업자가 나의 성공에 힘입어 거칠게 밀고 들어올 수 있다. 후속주자는 단순한 따라쟁이일 수 있지만, 대부분은 더 잘 준비해서 오픈하거나 더 큰 자본으로 공격적인 전술을 펼지도 모른다. 그러니 지속적인 변화의 준비가 필요하다. 고객이 늘면 늘수록 새로움에 대한 노력과 준비가 필수적이다.

2) 희망 상권에 나와 같은 업종의 매장이 많다면

당연히 차별화 전략이 필요하다. 같은 업종 매장이 많다면 수요는 어느 정도 검증이 된 것이겠지만, 경쟁도 이미 치열할 것이다. 그런 곳에 새로운 도전장을 낸다는 것은 아주 큰 도박일 수도 있다. 하지만 꼭 해야 할 도박이라면 확률을 높여야 한다. 그 상권에 존재하는 동일 업종의 장단점을 철저하게 파악해 내가 비집고 들어갈 틈을 만들어야 한다.

나의 매장을 살리기 위해 혹시라도 다른 매장들을 음해하거나 안 좋은 점을 부각하다 보면 서로 마이너스 싸움으로 번질 가능성이 있다. 중요한 것은 나의 도전이 이 상권의 경쟁력을 높이는 결과를 만들어야지 서로에게 공격하는 계기가 된다면 서로 죽이는 싸움밖에 될 수 없다.

다행히 이러한 경쟁이 긍정적으로 작용했을 때 이 상권 자체는 이 업종으로 특성화되기도 한다. 그렇다면 비슷한 업종의 존재가 서로에게 가장 큰 시너지로 작용하는 좋은 계기가 된다. 궁극적으로는 그렇게 되는 것이 모두가 행복한 길이 된다.

3) 희망 상권에 종일 업종의 명소(맛집)가 있다면

맛집 주변에 비슷한 업종 매장이 생기는 경우가 많다. 보통 이런 대표매장은 한꺼번에 많은 사람이 방문하는 경우가 많고, 대기가 오래 걸리는 경우 주변 다른 매장을 찾기도 한다. 이런 낙수 효과 때문에 주변 동일 업종 상가가 많아진다.

이런 곳에 동일 아이템으로 접근하는 건 더 큰 용기가 필요하다. 하지만 내가 비집고 들어갈 틈은 더 클 수도 있다. 우선 이곳에 오는 고객은 해당 지역 사람보다는 외지 고객이 많다. 결국 그들에게는 대표매장 이외에는 모두 생소하므로, 충분하게 공략할 여지가 있다. 외지 고객은 의사표현이 적극적이고 온라인을 통한 소통력이 강하기 때문에 반응이 좋다면 생각보다 큰 효과를 주기도 한다.

이런 곳에 오는 고객은 대부분 온라인 평판을 통해 오기 마련인데, 글 자체가 과장성이 높은 편이다 보니 기본적인 기대치가 높다. 따라서 오래 기다려서 먹었을 경우에도 막상 기대하는 것보다 만족하지 못하는 경험을 하는 경우가 많다. 혹은 갑자기 맛집으로 소문나서 원래 가지고 있던 매력이 유지하지 못하고 마는 경우도 있다. 그래서 주변 다른 매장이 대안으로 떠올라 원래 맛집보다 그 주변 맛집이 더 유명해지고 장사가 잘되기도 한다. 지역의 맛집으로 소문난 곳과 실제 지역주민들이 자주 가는 맛집이 다른 경우가 많은 것도 이 때문이다. 지역 주민은 매번 기다려야 하는 맛집보다는 여유 있는 매장을 선호하는 경우가 많기 때문이다.

주변에 같은 업종의 명소는 오히려 기회가 되기도 한다. 다만 그만큼의 경쟁력이 있을 때의 말이다.

창업에서 위치 선정은 너무나도 중요한 선택이다. 어쩌면 아이템 선정과 더불어 대부분의 성공 여부가 판가름 나는 요소이기도 하다. 게다가 쉽게 바꿀 수 없다. 위치는 좋은데 장사가 잘 안 된다면 그 자리에서 업종을 바꾸는 것이 매장 위치를 바꾸는 것보다 보통 더 수월하다.

그렇다면 당연히 우리는 더 많은 준비를 해야 한다. 한 선배가 나의 창업에 이렇게 조언한 적이 있다.

"맘에 드는 가게가 나왔으면 적어도 일주일은 그 가게 근처에서 죽치고 있어라."

단순하게 전 주인이나 부동산에서 말하는 말을 듣는 것이 아니라 내가 스스로 눈으로 확인해야 한다는 뜻이다. 관찰하는 동안 요일별·시간별 얼마나 많은 사람들이 그 가게 앞을 지나다니는지, 얼마나 많은 사람이 가게에 들어서는지, 그 가게와 비교해서 인근 매장에는 얼마나 많은 사람이 들어가는지 일주일 정도는 알아봐야 적어도 내가 들은 정보가 정확한지를 알 수 있다. 심지어 내가 자라고 매일 돌아다니던 동네라도 한곳에서 오래 관찰하다 보면 내가 모르는 훨씬 더 많은 것을 알 수 있게 된다.

상가를 선택할 때 유의점

1. 아무도 믿지 마라.

2. 충분한 시간을 들여라.

3. 쪼잔하게 보일 정도로 꼼꼼히 살피고 따져라.

4. 다른 사람이 먼저 계약할 것을 두려워하지 마라. 내가 들어갈 수 있는 가게는 많다.

5. 감이나 촉은 아무것도 아니다.

나는 수많은 매장을 살펴보면서 확실히 알게 된 것이 있다. 매장 위치를 정하는 것엔 정답이 없다. 너무 안 좋은 위치에서 말도 안 되게 좋은 성과를 만들어내는 사람도 봤고, 최고의 번화가에서 빚만 지고 나가는 사람도 봤다.

너무 좋은 자리를 잡았다고, 안심하고 노력이 게을러지면 그 자리는 최악의 자리인 것이고, 부족한 자리지만 그 부족함을 채우기 위해 더 노력하고 열정을 다한다면 그 자리는 최고의 자리다.

창업에서 위치는 토양과 같다. 당연히 비옥한 땅일수록 좋다. 하지만 아무리 좋은 땅이라도 그곳에 어떤 작물을 심어 어떻게 길러 내느냐는 오로지 창업자의 손에 달려 있다.

최선을 다해 고민하고 선택했다면 그 선택을 탁월하게 만들어내는 것은 오로지 본인에게 달려 있다. 결국 주어진 조건에서 얼마나 좋은 토양을 골라내는지도, 그 토양에서 얼마나 좋은 열매를 맺는지도 본인의 능력인 것이다. 결국 최고의 입지를 찾는 것도 완성하는 것도 본인이라는 것을 결코 잊지 말아야 한다.

05

동업 구조에 따른 특징

1. 나 홀로 창업

남성 1인 창업인 경우 결혼 여부에 따라 스타일이 아주 다를 수 있다.

1) 젊은 미혼 남성

젊은 미혼 남성의 창업은 보통 이 두 가지 케이스로 나눌 수 있다. '사업에 올인' 혹은 '사장놀이'. 사업 자본의 출처가 어디인지로 예측할 수 있는데, 전자는 대부분 자기 스스로 마련하거나 대출로 부족분을 채워서 시작하는 경우가 많다. 그러다 보니 아무래도 간절함이나 의욕이 다르다. 보통 워커홀릭으로 이어지고 자기만의 목표치를 이룰 때까지 모든 사생활을 포기하기도 한다. 당연히 결과는 훨씬 더 빠르고 명확하게 나타나며, 매장 하나의 성공보다는 더 높고 큰 목표를 갖고 창업을 진행한다. 창업의 성공 여부만 본다면 성공 확률도 높고 효율도 좋아서 긍정적이지만, 체력이나 정신건강에서 어려움을 겪곤 한다. 특히 가족이나 친구 등 주변 지인과의 소통도 끊고 사업에 전념하는 경우가 많아 정작 지치고 힘들 때 기댈 대상이 없다. 성공할 수는 있지만 외로운 성공을 이루는 경우가 많고, 나중에 후회하는 경우도 많다.

후자는 보통 가족 혹은 부모님의 자본으로 시작하는 경우가 많다. 즉 직업을 구하는 데 어려움이 있거나 직장에서 적응하지 못하다가 지원을 받아 비교적 쉽게 창업을 한 경우다. 주로 조직에서 어려움을 겪다가 창업을 마음 먹게 되는데, 사업의 성공보다는 사업가로서의 삶을 더 동경하는 경우가 많다. 예를 들어 '사장'이라는 호칭을 좋아하고 다른 사람들에게 본인이 사업을 하고 있다고 소개하는 것을 즐긴다. 그들에게는 사장이라는 위치가 중요하기 때문에 당연히 출퇴근 시간이나 금전관리에 있어 엄격함이 없다. '나는 내가 원하는 때에 출·퇴근을 해도 되고, 내가 돈이 필요할 때 돈을 가져다 써도 된다는 생각을 갖고 있고, 이런 점 때문에 사장을 하고 싶어 하기도 한다(물론 모든 사람이 그렇다는 것은 아니다. 자본을 지원받아 제대로 사업을 키우는 분도 많이 봤지만, 내가 목격한 바로는 비율상

이런 경우가 많다). 이런 경우도 어떤 어려움을 겪게 될 때 쉽게 이야기하지는 못한다. 우선 자기 생활에 문제가 있다는 것은 무의식적으로라도 인지하고 있는데, 이것을 되도록 숨기고 싶어 하고 감당하기 어려운 순간이 돼서야 주변 사람에게 알린다. 이미 여러 번의 창업의 실패를 경험한 경우도 많은데, 내 개인적으로는 절대 창업을 해서는 안 되는 부류라고 생각한다.

2) 기혼 남성

기혼 남성의 창업은 대부분 기존 직장을 퇴직하고 새로운 사업에 뛰어드는 경우다. 가장으로서의 책임감을 가지고 시작하기 때문에 창업하기까지의 고민도 많고 준비 단계에서도 조심성이 많다. 다만 퇴사를 준비하면서 창업을 하기보다는 보통 퇴사를 한 후 창업을 시작하다 보니 시간에 쫓기는 경우가 많다. 퇴사를 하는 순간부터 고정적인 수입이 끊기고 가족의 생계를 위한 기본적인 생활비가 퇴직금 등 모아놓은 돈에서 빠져나가기 때문에, 수익활동을 하지 않는 준비단계가 피 말리는 기간일 수밖에 없다. 그래서 조바심이 나고 불안해한다. 또한 대부분 모아놓은 자금과 퇴직금만으로도 창업이 어려운 경우가 많아 대출을 받는데, 그 대출이 그들을 더욱 숨막히게 한다. 그래서 반드시 성공하겠다는 의지와 빨리 시작해야 한다는 조바심으로 고도의 스트레스 상황에 놓이곤 한다. 간혹 그때의 심리 상태가 주변 사람들과의 관계를 안 좋게 하는 경우도 있다.

이런 상황에 놓이다 보니 휴식시간이 사라지는 점이 큰 문제가 된다. 예전 직장 생활은 아무리 힘들어도 퇴근시간이 있고 공휴일이 있고 정기휴가나 연차도 있다. 하지만 본인이 오너가 되는 순간 모두 사라진다. 대부분의 과정이 돈이기 때문에 사람을 써서 일을 하기보다 본인이 할 수 있는 것이라면 스스로 다 해결하고자 한다. 하지만 일이라는 것이 모두 그렇듯, 하나하나는 한 사람이 할 수 있지만, 그 일이 모이면 한 사람이 할 수 있는 한계를 넘어서게 된다. 결국 몸과 마음 모두 병이 들기 쉽다.

이들이 성공적인 창업을 하기 위해서는 마음의 여유가 가장 필요하다. 여유를 갖는다는 것이 말이 쉽지 절대 쉽지가 않다. 하지만 조급해하고 불안해다고 해서 달라지는 것은 없다. 어차피 나에게 주어진 카드는 같다. 좀 더 스스로의 계획을 명확하게 세우고 서두르되 조급해하지는 않는 마음가짐이 가장 필요하다.

기혼 남자의 1인 창업은 다른 사업을 하다가 업종을 변경해서 새롭게 시작하는 경우도 있다. 이런 경우 새로운 업종 창업이라도 하더라도 보통 본인의 경험과 주변의 인맥이 많은 영향을 준다. 이미 경험한 첫 창업의 노하우가 많은 부분에서 도움을 주지만, 새로운 변화나 다른 시스템의 적응이 힘들어질 수 있다. 새롭게 창업을 하면서 알게 된 수많은 지인이 모두 훈수꾼이 되어 스스로의 판단을 혼란스럽게 만들 수도 있다. 본인의 창업 경험은 아주 소중한 자산이지만, 새로운 것에 도전하는 것이라면 처음부터 다시 시작한다는 마음가짐도 중요하다. 주변 지인들의 많은 조언도 절대적으로 조언으로만 받아들여야 하며, 혹하는 정보일수록 정보의 신뢰도를 다시 한 번 검토할 필요가 있다.

만약 그 정보가 대박 정보이고 정말 아무에게나 주지 않는 고급 정보라면 내가 그 정보를 받기 위한 노력을 한 것이 있는지, 아니면 내가 그 정도의 정보를 받을 만큼 특별한 위치이거나 존재인지, 그 정보를 전해준 사람도 그 정보에 나와 같은 행동을 이미 취했는지, 아니라면 그 사람은 본인은 행동하지도 않으면서 왜 나에게만 이런 정보를 전했는지 검토해볼 필요가 있다. 나에게만 들어오는 고급 정보는 없다.

3) 미혼 여성

현재 우리나라의 미혼 여성의 창업은 주로 베이커리, 카페, 미용, 옷 가게, 액세서리 가게 등이 대부분을 차지한다. 요식업을 하는 경우도 있지만 많지는 않다. 미혼 여성의 창업은 전문성을 기준으로 구분해볼 수 있다. 첫째는 전문교육을 받았거나 전문가로서의 역량을 쌓을 수 있을 만큼의 경력을 가지고 있는 경우, 둘째는 전문역량이 없는 상태에서 자본력만으로 창업을 하는 경우이다.

전문가로서 창업한 경우 스스로의 자존감이 창업을 주도하게 된다. 자신의 업무적 역량이 창업의 가장 중요한 요소로 작용해 매장의 컨셉·운영·관리에서 중요하게 작용하다. 그 역량이 탁월하거나 경쟁사와의 분명한 차별성을 가질 때 사업은 쉽게 성장할 수 있다. 특히 그 자존감은 철저한 운영관리나 품질의 차이를 가져오기 때문에 지속적으로 더 긍정적인 역할을 한다.

다만 개인의 역량이 주관적인 판단이거나 개인의 개성이나 고집이 너무 강한 경우는 독으로 작용하기도 한다. 본인 스스로는 자부심을 가지고 성공을 확신하지만 정작 고객에게는 받아들여지지 않고, 스스로의 자부심이 강할수록 그 상황을 인정하지 못하기 때문에 변화의 타이밍을 놓치는 경우가 많다. 심지어 다른 곳에서 근무하면서 얻은 훌륭한 경험들에 의지하는 경우라면 간과하면 안 되는 것이, 예전에 일하는 곳의 성공요인이 반드시 새로운 매장에서의 성공요인일 수는 없다는 점이다. 기본적으로 새로운 창업이라는 것은 위험과 도전의 요소를 가지고 있기 때문에 다른 곳에서 성공한 방법이 이곳에서도 무조건 먹힐 것이라는 기대는 결국 창업에 대한 안일한 태도라고 볼 수 있다.

또 한 가지 중요한 포인트는 트렌드다. 성공한 아이템의 경력이나 전문 역량을 가지고 새로운 창업할 때는 시장의 트렌드의 변화를 아주 정확하게 파악하려는 노력이 필요하다. 전문 지식이나 좋은 경력은 본인의 고집으로 인해 트렌드를 놓치는 경우가 많다. 내가 남들과는 다른 아주 탁월한 감각을 가지고 있지 않는 이상 시장의 흐름을 지속적으로 읽을 수 있어야 한다. 나의 경력이나 능력이 남들과는 다르게 탁월할 수는 있지만, 이미 오래 전에 사람들의 관심에서 멀어지거나 누군가가 그것을 바탕으로 새로운 것을 만들어 가고 있을지도 모른다. 결국 기본 역량에서 남들과 다르게 이끌어 갈 수 있는 새로운 트렌드 감각이 있어야만 성공할 수 있다.

후자의 경우는 자본 중심의 미혼 남자 창업과 같은 결을 갖고 있다. 다만 다른 것은 미혼 남자의 경우 본인 위치에 집중한다면, 미혼 여성의 경우 보여지는 요소에 집중한다. 매장 인테리어나 간판, 작은 소품과 홍보물 등의 디자인을 상당히 중요시하며, 모든 것은 SNS에서 주목받을 수 있도록 독특하고 감각적인 면에 초점을 둔다. 특히 그곳에서 근무하고 있는 본인마저도 업무의 전문성보다는 스타일링에 집중하는 경우가 많다.

보통 이렇게 잘 꾸며진 매장은 오픈 효과가 아주 좋은 편이다. 이미 매장을 오픈 하는 과정부터 SNS상에 공유되는 경우가 많고, 아이템 선정 역시 트랜디한 것이 많기 때문에 초반 이슈가 되기에 좋다. 다만 결정적으로 대부분 흉내 내는 경우가 많고, 겉모습에 집중되어 있다 보니 그 모습이 흔해져서 고객에게 익숙해지면 경쟁력은 자연스럽게 낮아진다. 심지어 판매 제품의 경쟁력이 떨어지는 경우가 많아서 매출도 급격하게 떨어지는 것이다. 결국 보여지는 면에 집중하다 내실이 떨어지는 경우가 많다는 뜻이다.

새로운 인테리어나 스타일링은 매력적이면 매력적일수록 누군가 흉내 내고, 당연히 새로운 사람이 더 주목받을 수밖에 없다. 한 번은 신기하고 예뻐서 올 수 있겠지만, 같은 고객을 두 번, 세 번 더 올 수 있게 만드는 것은 결국 내실이라는 점을 잊지 말아야 한다.

4) 기혼 여성

기혼 여성 1인 창업은 두 가지 경우로 나눌 수 있는데, 기준은 생계 부담이다. 첫째는 남편 같은 다른 가족으로부터 발생하는 고정 수입이 있고, 본인의 창업은 플러스 알파 개념으로 창업을 하게 되는 경우다. 둘째는 가족을 책임지고 생계유지를 위해 치열하게 창업을 하는 경우다.

물론 여기서도 전문성이 중요하긴 하지만 수입에 대한 절박함에 따라 행동이 나뉜다. 전자의 경우 예전에 가지고 있던 전문 역량이나 경험을 다시 살려보려고 하거나, 새로운 의지를 가지고 취득한 자격증을 바탕으로 과감한 도전의 경우가 많다. 대부분 이곳에서 부가적인 수입 정도를 기대하기 때문에 지나치게 치열하게 일하는 것은 거부한다. 적당한 수익을 목적으로 하기에 최선을 다하지는 않는다. 가정생활도 중요하고, 고정적으로 갖는 모임도 중요하기 때문에 보통 실력 있는 매니저나 경력 직원을 뽑아 그들에게 의지하는 경우가 많다.

그러다 보니 기대하던 만큼의 성공을 하는 경우가 거의 없다. 기대치가 낮은 편이지만 그마저도 도달하지 못하는 경우가 많다. 매니저나 경력 있는 직원에게 이끌려 다니거나 사기를 당해서 큰 손해를 보는 경우도 있다.

이런 분들에게 가장 중요한 것은 자신이 뛰어든 창업 시장이 얼마나 치열한지를 인식하는 것이다. 실제로 경쟁하는 수많은 매장은 상대적으로 고객에게 쏟는 집중력이 다르다. 물론 이들의 여유가 조금 더 세심한 서비스로 표현되어 고객에게는 좋은 장점이 될 수도 있다. 그보다도 사업장을 운영한다는 것은 훨씬 더 꼼꼼하고 치열하게 관리해야 하기 때문에 생각보다 어이없게 실패를 경험할 수도 있다.

생계유지를 위한 후자의 경우는 그 치열함이 다르다. 목적의식이 다르기 때문에 더욱 간절하고 철저하다. 간혹 과도한 의욕에 의한 실수가 드러나기도 한다. 예를 들면 어울리지 않는 트랜디한 소품이나 인테리어를 한다거나, 여러 종류의 어울리지 않는 메뉴들이 추가되는 매장들이다. 카페에서 볶음밥과 파스타를 판다거나, 이탈리안 레스토랑에서 떡볶이나 김치볶음밥을 파는 경우다. 보통 매장의 주된 메뉴와 다른 성격으로 한번 팔아보자는 식의 구성이다. 너무 손익 중심의 운영을 한다거나 나도 모르게 직원들이나 고객들에게 까칠한 모습을 보인다거나 지속적인 스트레스로 인해 항상 표정이 안 좋기도 하다.

이런 경우 가장 중요한 것은 선택과 집중이다. 성공이 간절한 만큼 나의 노력이나 역량도 집중해서 좋은 결과를 만들어내야 한다. 메뉴 구성이나 운영에서도 내가 좋은 퀄리티를 유지할 수 있는 정도의 종류와 메뉴만으로 집중해서 공략하고, 그로 인해 충분한 수익이 창출되어 안정화가 된 이후에 추가 확장을 고려해야 한다. 특히 이런 경우 간절함과 열정으로 인해 주변 사람들이 스트레스를 더 받을 수도 있기 때문에 사람들을 잘 챙기고 관리하는 것이 중요하다.

2. 부부 동업

동업 구조 중에서 가장 보편적이고 안정적인 동업 형태다. 재미있는 것은 이들은 동업관계라고 생각하지 않는 경우가 많다. 기본적으로 경제공동체 형태를 띄고 있고, 내부적으로도 업무 구분이 명확하지 않다 보니 동업이라기보다는 주도하는 사람의 1인 창업의 형태에서 직원과는 다른 적극적인 지원자가 있는 형태이기도 하다.

부부 창업도 세 가지 경우로 나눌 수 있는데, 남편이 사업을 주도하는 경우, 아내가 주도하는 경우, 부부가 역할을 분담해서 수행하는 경우다. 하지만 다른 동업 형태와는 약간 다른 점이 있다. 사실 좀 더 세밀하게 살펴보면 남편이 주도하는 경우의 대부분은 아직 자녀가 미취학아동에서 초등학생 정도로 어려서 가정에서의 부모 역할이 필요한 경우다. 아내가 사업을 주도하는 경우는 보통 남편의 관심이 사업에서 멀어져 있거나 남편의 운영능력이 낮은 경우다. 그러니 부부 창업을 자세히 살펴보면, 첫째로 남편과 아내 중 한 사람이 다른 일로 사업에 관여하지 못하는 경우, 둘째로 둘 중 한 사람이 사업에 적극적으로 관여하지 않는 경우라고 할 수 있다.

전자의 경우 집안을 돌보는 역할이 필요하고 자녀에게도 부모의 역할이 필수적이다 보니 역할을 나누고 수행하는데, 아직은 남아 있는 사회적 관습으로 인해 남편이 사업을, 아내가 가정생활을 돌보는 경우가 많다. 각 가정의 상황에 따라 다르겠지만, 대부분 아내는 매장 운영이나 사업에 많은 관여를 하지 못하다 보니 남편이 사업에 더 집중하게 된다. 남편의 사업 집중도가 높을수록 가정에서 소외될 위험이 있다. 자영업자는 직장인에 비해 자유롭게 시간을 사용할 수 있을 거라고 생각되지만, 실제론 반대인 경우가 많다. 급한 일이 생기면 직장인보다는 유연하게 시간을 내서 처리할 수도 있겠지만, 매장 운영 시간에 맞춰 생활 패턴이 정해지다 보니 퇴근 개념이 없거나 퇴근 시간이 너무 늦어서 가족과 함께하는 시간이 적을 수밖에 없다. 그나마 아내가 매장에 업무적인 도움을 주지 못해도 자주 방문하고 관심을 갖는다면 남편의 소외감도 낮아지고 가정 화합에도 도움이 될 수 있다.

다만 여러 상황에서 기대하던 자유로운 시간 운영은 거의 불가능하기 때문에 가정에서 갈등이 생길 수 있고, 매장 운영을 핑계로 직장생활을 할 때보다 가정 대소사를 놓치는 경우도 많다. 자주 대화하는 시간을 갖고 방법을 찾아 문제를 해결하고 서로 이해하려는 노력이 필요하다.

후자의 경우 반드시 그런 것은 아니겠지만, 내가 지금까지 관찰한 바로 아내가 매장 운영을 주도하는 곳은 대부분 남편의 경영능력이 부족하거나, 집중력이 떨어지는 경우가 많았다. 즉 남편의 관심이 매장 이외의 인간관계나 취미 생활에 더 많이 있거나, 매장 운영에 있어 남편이 꼼꼼하고 체계적이지 않아 그 상황을 답답해하던 아내가 대신 주도권을 잡는 경우다. 이런 경우 남편의 존재감이 희박하고 매장 내에서 업무 강도가 파트타임 직원보다 낮기도 하다. 그러다 보니 점점 더 아내에게 모든 업무가 집중되고, 그러다 보면 더 남편이 사업에서 멀어진다.

이런 경우 역할 분담을 명확하게 하고 남편은 부족한 부분을 뒤에서 서포트하는 태도를 취하는 것이 좋다. 예를 들어 대외적으로는 남편을 경영자로 대우하며 주도적인 액션을 취할 수 있는 기회를 지속적으로 제공한다. 다만 일정기간 동안은 모든 부분을 관찰하고 직원이 없는 곳에서 조언이나 상의를 하고, 자금이나 경제적 관리는 아내가 하면서 향후 구체적인 계획을 상의하면서 잡는 것이 좋다.

여기서 중요한 것은 둘만의 협의나 상의다. 남편의 행동이 마음에 들지 않는다고 매장 직원들 앞에서 대놓고 문제를 제기하거나 무시하면 남편의 자리는 점점 좁아지고 매장에 오기 싫어할 수밖에 없다. (앞에서도 말했지만 이것은 반대의 경우도 마찬가지다.)

아내가 매장 내에서 남편의 자리와 입지를 만들어줘야만 남편이 오너로서 업무를 주도적으로 해나갈 수 있다. 상대를 충분히 존중하며 소통하는 것이 지속적인 발전을 위한 좋은 방법이다.

마지막으로 부부가 역할을 분담하는 형태로, 부부창업의 이상적인 모델이라고 할 수 있다. 대부분 가정의 안정을 가장 중요하게 여기며 부부가 서로 일정 이상 매장 운영에 가담할 수 있는 상황에서 운영된다. 자녀가 없거나 중학생 이상으로, 함께 매장에 집중할 수 있는 여유가 있는 만큼 매장 종류와 운영시간에 따라 효율적으로 역할 분담을 한다.

내가 만났던 베이커리 프랜차이즈를 운영하시는 부부 사장님의 경우 아내사장님은 오픈시간인 오전 7시부터 오후 4시까지 근무하고, 그동안 남편사장님은 집에서 아침을 해결하고 운동과 취미생활을 즐긴 후 오후 2시쯤 매장에 출근한다. 늦은 점심을 함께하고 아내사장님은 퇴근 후 역시 운동이나 취미생활을 하고 자녀를 챙기고 일찍 잠자리에 든다. 남편사장님은 오후 9시에 집으로 돌아와 늦은 저녁식사를 하고 다시 매장에 나가서 12시까지 마감을 하고 퇴근한다. 이렇게 서로의 시간을 보장하고 매장 직원을 적절하게 운영하며 안정적으로 매장을 운영한다. 그러면서도 식사시간을 이용해 서로 대화시간을 갖고, 주말은 아르바이트를 쓰며 함께하는 시간을 확보하기도 한다.

자녀들을 보살펴야 할 시간이 줄어 가정생활에 대한 부담이 적기 때문에 가능하겠지만, 결국은 업무도 휴식도 서로를 배려하며 적절히 배분하기 때문에 체력적으로도 심리적으로도 안정적인 경우다. 가장 중요한 것은 서로의 업무 강도나 휴식 시간이 공평하게는 아니어도 되도록이면 비슷하게 맞추려고 노력해서 한 명의 희생이 두드러지게 하지 않아야 한다는 점이다. 서로 평화로운 협의를 통해 적당한 업무와 휴식의 시간이 확보하고 부부나 가족간의 공유시간도 잘 배치하는 것이 안정적인 부부 동업의 조건이다.

3. 형제(친인척) 동업

보통 형제 친인척이라고 하더라도 동등하거나 일정 비율의 자본을 모으는 게 동업의 기본 조건이다. 간혹 한 명이 자본을 모두 대고 운영은 함께하는 경우가 있는데, 이런 경우는 동업이 아니라 친인척 고용으로 분류하는 것이 맞다. 여기서 다루는 것은 얼마든 동업자 각각 자본을 투입한 경우다.

일반적으로는 형제 동업을 하는 이유는 보통 자본이 부족하기 때문이다. 부득이하게 사업장 하나에 둘 이상의 가정이 있다는 점이다. 물론 형제가 모두 미혼이고 부모님 밑에서 함께 생활하는 경우는 아직 한 가정이지만, 그래도 언젠가는 분명히 분리될 것이므로 수익 분배 문제, 근로에 대한 형평성을 충분하게 협의해야 한다. 형제간의 경우 동등한 관계가 아니라 가정 내에 상하 관계로 인해 자본투자에서 수익분배, 근로까지 불평등하게 진행되는 경우가 많다. 이런 관계에 따른 불평등은 초반에는 넘어갈 수 있지만, 시간이 가면서 업무가 과도해지거나 수익이 늘어날수록 점점 더 불만이 드러나게 된다. 문제가 심각해지면 동업자들의 가정이 분리되거나 심각한 불화의 원인으로 발전할 수 있다. '좋은 게 좋다'는 방식으로 애매모호하게 넘어가면 나중에 이를 바꾸기가 더 어렵고 곤란하게 되는 경우가 발생하고 만다.

이 형태의 동업에서 가장 중요한 것은 언제 사업을 분리할지에 대한 계획이다. 아무런 갈등이나 문제 없이 지속적으로 계속 동업을 해나갈 수 있다면 아주 이상적이겠지만, 대부분은 크고 작은 문제가 끊임없이 발생한다. 심지어 자본을 분리하지 않고 계속 동업 관계를 유지한다고 하더라도 사업장을 늘려서 각자 운영할 수 있는 환경을 마련하는 것이 좋다. 상대방의 성향을 잘 이해하고 동업자 간의 시너지를 잘 만들어간다면 이상적으로 발전해 나가겠지만, 가까운 만큼 문제를 감정적으로 대처하기 쉽고 서로에게 자존심을 내세우는 경우도 많다. 그럴 때는 물리적 거리를 유지하면서 서로의 단점을 커버하는 것이 가장 이상적일 수 있다.

프랜차이즈 예비창업자를 교육하다 보면 이런 동업자들이 부부 동업 다음으로 많이 오는 편이다. 그들에게 가장 먼저 강조하는 것은 일정기간 동안 최소한의 수익만 가져가고 공동의 저축으로 최대한 빨리 하나의 사업장을 더 내라고 충고한다. 물론 모든 분이 충고를 받아들여 매장을 분리하지는 못하지만, 분리한 분이 훨씬 더 안정적으로 매장을 운영하고 동업자 간의 관계도 유지하는 경우가 많다. 시작을 함께하는 것이 꼭 끝까지 함께 가야 하는 것은 아니다. 특히 자본이 부족해서 협력한 동업이라면 더욱 분리계획을 수립하는 것이 좋다.

4. 부모-자식 관계 동업

이 경우도 보통 두 가지로 구분해볼 수 있다. 첫째로 자본은 부모가 대고 운영은 자녀가 하는 경우, 둘째로 자본은 자식이 대고 부모는 부족한 자본과 인력을 지원하는 차원으로 참여하는 경우다.

전자는 보통 매장 운영을 맡는 자녀가 20~30대인데, 창업까지 어떤 과정을 겪느냐에 따라 관계나 태도가 달라질 수 있다.

① 자녀의 창업 희망, 부모는 반대

자녀의 창업 의지가 명확하고 그에 대한 준비와 노력으로 창업이 이루어지는데, 보통 이런 상황에는 부모의 역할이 투자자이자 감시자인 경우가 많다. 부모는 자녀의 창업이 불안하고 걱정되어 많은 관심과 간섭으로 매장 운영에 많은 훈수를 둔다. 이런 행동이 자녀에게 긍정적인 자극으로 반응해 더욱 열심히 하게 만들 수도 있고, 자녀에게 스트레스로 작용해 관계를 틀어지게 만들기도 한다. 이런 경우 부모는 되도록이면 거리를 두고 돕는 정도로, 이왕이면 자녀의 매장 운영을 믿어주고 응원하는 것이 좋다. 다만 자녀의 나이가 어려 사회적 경험이 부족하다면 강압적이지 않은 조언은 해주는 게 좋다.

자녀가 반드시 염두에 두어야 할 점은 '부모의 돈은 내 돈이 아니다'라는 것이다. 간혹 부모가 차려주고 본인이 운영하기 때문에 본인 소유라고 생각하는 경우가 있다. 하지만 부모의 지원은 외부 투자이고 빚이다. 이 빚을 언제까지 어떻게 상환할 것인가에 대한 계획을 세워야 하고, 이에 대해 부모와 함께 논의해야 한다. 가족이지만 투자자로서 명확한 대우를 하며 운영에 대한 보고도 진행해야 한다. 아무리 자식이지만 아주 많은 돈이 들어간 일이다. 당연히 그 돈이 어떻게 운영되고 있는지 알아야 할 권리가 있다.

② 자녀의 창업 희망, 부모의 동의

조금 우려가 되는 경우다. 물론 자녀의 계획이 명확하고 부모가 그에 충분히 동의해 진행된 사업이라면 나무랄 데가 없다. 하지만 가벼운 마음에 창업 의지를 표현했는데 부모 역시 특별한 고민이나 검증 없이 창업이 진행된다면 걱정스럽다. 창업부터 운영까지 철저한 준비나 체계적인 운영 시스템이 갖춰져 있는 경우가 없고, 보통은 안정적인 프랜차이즈를 많이 선택한다. 이유도 관리를 많이 해주고 대외적인 이미지가 좋아서인 경우가 많다. 즉 그 업 자체에 대한 경쟁력보다 스스로 보여주기 좋은 매장이라는 이유로 창업을 선택한 경우다. 당연히 운영에 대한 의지나 열정이 부족하고 그것을 부모가 인지했다고 하더라도, 시작에서 이미 문제가 있었기 때문에 중간에 변화하기 더 어렵다. 부모와 자녀 모두 창업의 무게를 명확하게 인식하고 인생의 많은 부분을 투자하겠다는 각오가 중요하다. 창업자가 허술한 경우 매장에 경력 있는 직원들이 오히려 이 매장을 좌지우지할 수도 있기 때문에 업무에 대한 원칙을 명확하게 세워야 한다. 예를 들어 오너로서 해야 하는 역할과 근무시간, 휴무, 금전 관리의 투명성 등이 부모와 자식 간이라도 분명하게 정리할 필요가 있다.

③ 부모의 창업 권유, 자녀의 찬성

바로 앞의 경우보다 리스크가 한 단계 더 큰 상황이라고 할 수 있다. 보통은 부모가 하던 사업을 물려받거나 동일한 업종을 새로 시작하는 경우가 많은데, 그나마 창업을 하기 전에 그 업에서 일했던 경험이 있다면 다행이지만 경력마저 없다면 심각한 상황인 경우가 많다. 대부분 자녀의 마인드는 오너이기보다는 근로자에 가까운데, 심지어 근로자로서 성실한 모습을 보이지 못하는 경우도 많다. 기본적으로 창업의 의지도 없었을 뿐만 아니라 이 업의 종류 역시 본인이 바라던 것이 아니어서 더 흥미가 없다. 그러다 보니 대부분 부모가 오너 역할을 맡는다. 다른 사업장을 운영하고 있어도 자녀의 매장에서 머무는 시간이 더 많을 것이다.

이런 경우 가장 중요한 것은 운영을 맡은 자녀가 오너로서의 마인드를 배양하는 것이다. 본인이 운영하는 사업체이고 수익도 손해도 다 본인이 감당해야 한다는 책임감을 갖도록 하는 것이 중요하다. 그 이후에 능력이 부족하다면 일정기간 교육을 받아야 한다. 무엇보다도 일 자체에 대한 재미나 보람을 느낄 수 있도록 부모와 자녀가 서로 노력해야 한다.

일 자체에 흥미를 얻기 위해 제일 쉬운 방법은 목표 달성이다. 작은 목표부터 하나씩 성취해가는 경험을 만드는 방법이 가장 좋을 것이다.

④ 부모의 창업 권유, 자녀는 반대

자녀가 특정한 직업이 없거나 부모가 바라지 않는 일을 하고 있어서 억지로 창업을 하는 경우다. 이런 식의 창업은 반대한다. 실제로 이렇게 창업하는 대부분의 젊은 사장들은 어떻게 하면 이 사업장에서 도망갈 수 있을까만 고민한다. 사업에 대한 책임감도 소속감도 없으며, 망해도 상관없다고 생각한다. 이런 사업은 안 하는 것이 좋다. 서로를 힘들게 할 뿐이다. 차라리 부모가 혼자 운영하고 자식의 삶을 관망하는 것이 더 나을 것이다.

이제 자본을 자녀가 대고, 부모는 일부 자본과 인력 지원을 담당하는 후자의 경우를 살펴보자. 이 경우 자녀가 창업에 대한 의지가 명확하다. 다만 현실적으로 부족한 부분에 대한 지원만 받고 자녀가 주도적으로 운영한다. 대부분은 부모에게 지원받은 부분을 빚으로 생각해 상환계획을 세운다. 전액 상환 전까지 이자를 내기도 한다. 당연히 인력으로서의 도움에도 급여를 제공하고, 많은 매출이 발생했을 때 그에 따른 보상도 마련한다. 그래서 이 경우 대부분의 부모는 필요한 부분만 채워주는 식스맨 역할을 한다.

이 경우에서 가장 좋은 요소는 의욕적인 자식의 매장 운영에 대한 부모의 소극적 지원이다. 너무 의욕적일 때 발생할 수 있는 문제를 부모로서 뒤에서 지원하는 것을 말한다. 예를 들어 직원의 식사·경조사·고민 상담·노고 치하·응원 등 직원의 복리후생 지원이나 창고 정리·기물 관리·청결 관리·소모품 관리 등 운영에 직접적이지는 않지만 반드시 필요한 매장 관리 등을 묵묵히 지원하는 것이 이 동업 형태에서 가장 시너지를 높일 수 있는 방법이다.

4. 타인 동업

친구나 지인 혹은 사업만을 위해 만난 공적인 관계의 동업도 모두 이 경우에 포함된다. 동업을 하는 관계는 다양하지만, 관계성보다는 목적성을 가지고 구분하는 것이 더 좋을 듯하다.

1) 자금

창업 비용이 부족하거나 보다 큰 규모의 창업을 희망해서 동업을 시작한 경우다. 당연히 타인과의 동업이다 보니 사업 시작 전 공적인 계약을 진행하는 것이 중요하다. 아무리 친한 친구든 오랜 지인이든 남은 남이다. 계약은 분명하고 명확하게 하고 시작하는 것이 당연하다. 가족이라도 형제나 친인척이라면 계약서를 작성하는 것을 권한다. 가족에 비해 갈등 발생 확률은 낮을지 몰라도 관계가 끝나거나 악화될 가능성은 더 크다. 그렇기 때문에 시작단계에서부터 투자조건·업무 분배·수익분배·향후 계획까지 구체적으로 논의하고 협의하는 것이 좋다. 특히 서로 비슷한 강도나 비슷한 시간으로 노동하지 않는 경우(예를 들어 한 사람이 투잡을 하는 경우) 업무에 대한 가치를 금전적으로 정리하고 그 부분을 원가 부분으로 포함시키는 것이 중요하다. 동일한 노동이 아니라면 노동의 기회비용을 명확하게 정해야 한다.

아무리 사적으로 친한 관계에서 시작했다고 하더라도 공적인 시간이 필요하고, 모든 결정에 있어 충분한 협의를 통해 의견을 맞추어야 한다. 사업을 하는 사람들에게 동업을 할 것인지 질문을 하면 100이면 100 동업은 안 된다고 말한다. 왜냐하면 타인과의 동업은 그만큼 어려움이 많기 때문이다. 사업이 안 되면 안 되는 원인으로, 사업이 잘되면 수익 배분으로 갈등이 생기기 마련이다. 이것을 최소화하는 방법은 지속적인 소통밖에는 없다. 평소에 자잘한 것으로 계속 의견충돌이 발생하는 관계가 오히려 큰 문제 없이 사업을 이끌어가는 경우가 많다. 사소한 것이라도 감추지 말고 대화하는 진정한 오픈 마인드가 필요하다.

2) 목표

새로운 아이템으로 인해 공동의 목표가 생기고 그에 따른 이해관계로 모인 동업관계 혹은 집단이라면 많은 부분에서 멀리 바라보는 경향들이 있다. 이런 관계는 현장의 문제보다는 미래지향적인 대화가 많이 오고 가고 눈앞의 손익보다는 향후 발전을 위한 계획들에 더 집중하는 경향이 있다. 그래서 이런 관계에서는 손익이나 성실성보다는 서로의 역량·의지·성향·태도로 더 많은 문제가 발생한다. 쉽게 말해서 매장을 하나 오픈하는 데 단순히 이 매장의 성공을 통해 나에게 수익이 얼마가 나느냐가 문제가 아니라, 이 매장을 통해 우리의 사업을 얼마나 더 키워나갈 수 있느냐의 문제다. 하루 매출이나 수익 문제, 서로의 역할이나 근무 시간 문제보다는 향후 이 사업의 방향성, 마케팅 전략, 원가 절감, 운영 시스템, 인력관리 등에 의견이나 사업을 대하는 태도로 많은 갈등이 생긴다.

큰 프랜차이즈 브랜드도 처음엔 첫 매장의 성공에서 뻗어나간 것이다. 이 매장의 안정적인 성공이 없이는 그 어떤 꿈도 현실이 되지 못한다. 따라서 조금은 고개를 낮춰서 지금의 매장에 집중할 필요가 있으며, 현실적인 문제들을 차분하게 해결하면서 미래를 준비하는 것이 더 현명하다. 이런 경우에는 각자의 전문 분야가 확실하거나 역할을 분명히 나누고 서로의 영역을 지켜주는 경향이 나타나는데, 전문 분야가 아니더라도 서로의 영역을 다른 눈으로 바라보고 협의하는 노력도 필요하다.

최저시급의 급상승은 많은 창업자에게 위기감을 가져다주고 있다. 그로 인한 긍정적인 변화가 어떻게 나타날지는 아직 모르지만 현재 지금 이 순간이 힘든 것은 사실이다. 그러다 보니 있는 직원도 줄이거나 가족으로 대체해 스스로 이겨나가려는 사람들도 많아졌고, 인건비뿐만 아니라 임대료 등 창업비용 상승으로 인해 동업이 아니면 창업을 할 수 없는 사람들도 많아지고 있다.

하지만 그 어떤 순간에도 잘하는 사람들은 있다. IMF 이후에 대한민국은 한 번도 경제가 나아지고 시장이 풀렸다고 한 적이 없다. 언제나 경제는 더 힘들고, 시장은 얼어붙었다고 말한다. 하지만 지금 이 순간에도 수많은 사람은 남들보다 더 많은 손님을 끌어들이고 안정적인 수익을 내고, 매장을 늘리거나 건물을 사는 창업자가 있다.

나 혼자 창업이 항상 옳은 것도 타인과의 동업이 항상 나쁜 것도 아니다. 내게 주어진 상황에서 가장 유리한 것이 무엇이고, 나의 의지는 얼마나 강한가? 내 눈앞에 있는 이 수많은 리스크와 역경을 난 어떻게 이겨 나갈 것인가? 정말 잘 준비하고 계획할 수만 있다면 기회는 항상 있다고 생각한다. 결국 답은 내가 만드는 것이기 때문이다.

06

사람을 구하다

　　나는 스포츠 경기 관람을 좋아한다. 특히 축구를 좋아하는데 주로 월드컵이나 올림픽 같은 큰 스포츠 이벤트를 좋아한다. 그동안 내가 본 수많은 경기 중에 해설자가 자주 이야기하는 한국 축구의 문제점은 항상 '골 결정력 부재', '불안한 수비'였다.

　우리나라 축구의 수준이나 성적은 아시아를 기준으로 봤을 때 굉장히 높고, 심지어 최근에는 유럽의 빅리그에서 뛰는 선수들도 많이 있기 때문에 대표팀의 스팩만으로는 절대 나쁘지 않은 조건이다. 그렇다면 왜 전문가들은 왜 이런 분석을 내놓을까? 아무리 훌륭한 스타 플레이어가 있어도 축구는 결국 팀 경기이고 전략이 중요하기 때문이다. 좋은 감독은 팀 전체를 통찰해 관리하고, 좋은 선수를 선발해 훈련시키고, 상대팀에 맞는 전략을 구성해서 승리를 이끌어내야 한다.

이렇게 얘기하고 보니 한 사업장의 경영자는 축구팀 감독과 비슷한 일을 한다. 업무에 맞는 좋은 직원을 고용해 그 일을 잘할 수 있도록 지속적으로 훈련시키고, 그들이 가장 좋은 성과를 낼 수 있도록 관리하는 역할이기 때문이다. 다만 다른 점은 상대팀보다는 고객을 대하는 전략의 방향 정도라고 생각한다.

창업을 준비한다면 당연히 적절한 시기에 함께 일할 직원들을 모집해야만 한다. 부부나 가족끼리 운영하는 소형 매장이라면 모르겠지만, 대형 매장에서는 함께 일할 직원을 구하는 것은 업무의 큰 비중을 차지하게 된다.

1. 고용승계

기존 사업장이나 브랜드를 인수하는 경우는 대부분 새로운 직원을 뽑기보다는 기존 직원을 고용승계받는 경우가 많다. 단순하게 생각하면 새로 시작하는 사람에게는 기존의 업무 노하우를 고스란히 이어받을 수 있다는 장점이 있기 때문에 마다할 이유가 없다. 하지만 고용승계는 아주 분명한 장단점이 존재한다.

1) 장점

우선 업무의 노하우 및 상권에 대한 이해, 고객과의 친밀감 등이 있다. 이 장점은 같은 업종을 이어받을 때 더 큰 장점으로 도드라진다. 상황에 따라 다르겠지만 이어받은 매장에 오래 일한 직원이 존재한다면 매장운영의 노하우뿐만 아니라 지속적으로 문제가 되었던 리스크나 주요 고객들에 대한 정보까지 활용할 수 있다. 업무 자체에 대한 숙련도도 높을 것이기 때문에 시작하는 시점의 운영상의 문제에 미리 대비할 수 있다. 새로운 업종으로 창업하거나 브랜드가 바뀐다고 하더라도 장점은 많다. 기본적인 상권에 대한 이해, 공간에 대한 활용도, 한곳에서 오래 일하면서 익숙해진 습관으로 인해 이직률이 낮은 것도 장점이다.

2) 단점

안타깝게도 장점으로 이야기한 것들이 모두 단점이 될 수도 있다. 업무에 대한 능숙함은 그만큼 안 좋은 습관이 들어 있을 확률도 있고, 그 습관이 고쳐지기 힘들다는 말도 된다. 매장을 운영하는 오너보다 그 업이나 이 상권·공간에 대한 이해도가 높아 그만큼 자기 고집이나 주장이 강해 오너의 의견을 무시할 가능성도 높다. 특히 한 곳에서 오랫동안 일하며 같은 패턴의 생활에 익숙하다는 뜻은 그만큼 변화에 대한 반감 혹은 불안함을 가지고 있을 수 있다. 그래서 이런 직원들의 특징은 의욕적인 사장님을 싫어한다. 나는 이미

이 매장의 패턴에 익숙해져서 생활하고 있는데, 새로운 사장은 의욕이 넘쳐 여러 가지를 바꾸려고 하면 아주 불편하게 느껴지기 때문이다. 하지만 그렇다고 관두고 싶은 마음을 먹는 것도 쉽지 않기 때문에, 여러 가지로 방해를 할 수 있다. 예를 들면 매장의 구조나 동선을 바꾸고자 하면 바로 태클을 걸기도 한다.

"그거 다 해봤어요. 안 돼요."

"이런 저런 이유 때문에 더 불편해요."

시스템이나 서비스에 변화를 주거나 새로운 마케팅을 하려고 하면 또 태클을 건다.

"뭘 몰라서 그러시는데 이 동네 사람들은 그런 거 안 좋아해요."

"괜히 쓸데없는 일 하지 마세요."

최악의 경우는 모든 것을 동의하고 앞에서는 열심히 도와주는 것처럼 하지만, 뒤에서는 아무도 모르게 방해를 하는 것이다. 예전에 한 네이버 지식인 게시판에 한 직원이 이런 글을 올리기도 했다.

"사장님이 일도 많이 시키고 너무 힘들어요. 진짜 마음에 안 드는데 시원하게 복수할 수 있는 방법이 뭐가 있을까요?"

이 질문의 답은 아주 소름끼치는 것이었다

"간단해요. 사장님 앞에서는 친절하게 손님들한테 잘하다가 사장님 안 계실 때마다 손님들한테 지랄하세요. 문제가 되지 않을 만큼만요. 그러다 보면 손님이 줄거든요. 그럼 일도 편해져요."

설마 하는 생각이 들 수도 있겠지만 그들이 이렇게 행동할 만한 이유는 충분하다. 그러니 나보다 경험이 많고 변화를 바라지 않는 직원을 움직여서 새롭게 성공하는 것은 정말 어려운 일이다.

3) 성공적인 고용승계 방법

① 인정

그들의 노하우를 인정해주어야 한다. 실제로 내가 경험이 더 많더라도 그들의 경험을 존중하고 받아들여야 한다. 인정하는 척하는 것과 진심으로 인정하는 것은 상대방 입장에서 느껴지기 마련이다. 진심으로 그들의 가치를 인정하고 조언을 구하면 직원은 스스로 자존감을 느끼게 된다.

그들에게 예전 사장의 잘못을 이야기하는 것은 좋지 않다. 그 직원이 진심으로 전 사장을 싫어할 수도 있지만 그들에게는 좋으나 싫으나 함께 오랜 시간을 함께 일했던 사람이다. 자신의 노력도 부정적으로 생각한다고 오해하기 쉽다.

② 대화

우선 그 직원의 경력이 얼마나 길든지 나와의 시간은 이제 시작이다. 서로 많은 정보를 공유해야만 맞춰갈 수 있다. 그렇다고 갑자기 불러놓고 면접처럼 이것저것 물어보면 대화가 아니라 평가로 여겨져 오히려 더 거리감이 생기기도 한다. 직원들은 오너가 바뀌면 불안하기 마련이다.

가장 좋은 방법은 먼저 자기 이야기를 풀어내는 것이다. 나는 어떤 사람이고 무슨 일을 하다가 어떤 계기로 이 일을 하게 되었는지, 부담스럽지 않고 자연스럽게 이야기를 꺼내는 것이 좋다. 이때 "내가 새로운 일을 하려다 보니 걱정이 많은데, 그래도 경력 있는 직원 분들이 있어서 정말 다행이다"라는 표현은 직원들의 마음을 여는 데 효과적이다. 이런 대화 중에 자연스럽게 그들의 이야기도 나오게 된다면 좋고, 설사 나오지 않는다고 해서 조급해하지 말고 천천히 알아가는 것이 좋다. 회식 자리를 마련해서 단기간에 가까워질 수도 있는데, 적절한 선이 중요하다. 간혹 술김에 너무 급하게 친해지려 하거나, 누구든 술 조절을 못해 굳이 보여주지 않아도 되는 모습을 보여준다면 오히려 자리를 안 갖느니만 못하게 될 수 있다. 술자리는 가볍게 적당한 선에서 다음 기회를 약속하는 것이 좋다.

③ 원칙

경력 직원의 의견이나 업무 스타일이 내 맘에 꼭 들기는 어렵다. 하지만 그렇다고 해도 모든 걸 한꺼번에 바꾸기는 쉽지 않고, 감정적인 골이 생기면 업무에도 영향을 미치게 된다. 이런 상황에서는 명확한 원칙들을 정해야 한다. 직원의 업무 스타일은 인정하되, 나의 기준에서 꼭 지켜야 하는 것과 꼭 하지 말아야 할 것에 대한 기준은 정하는 것이 좋다. 원칙에 대한 논리적인 근거는 마련해야 한다. 납득할 수 없는 원칙은 오히려 독이 될 수 있다. 만약 도저히 납득을 못하는 직원이 있다면 강요하기보다는 기간을 갖고 지켜보는 방식도 좋다. 이 행동은 어떻게 보면 등가교환이다.

'내가 당신들의 경험과 능력을 인정할 테니, 당신들도 나를 오너로서 나를 인정하라.'

④ 목표

새로운 사업을 시작한다는 것은 새로운 미래를 꿈꾸는 일이다. 하지만 그 꿈은 사업에 투자를 하는 나의 미래일 뿐 안타깝게도 직원들의 미래는 될 수 없다. 그러니 나의 목표는 그들에게 아무런 동기부여가 되지 않는다.

그러니 그런 그들을 움직이고 변화시키기 위해서는 함께 열광할 수 있는 공동의 목표를 설정하는 것이 중요하다. 그리고 그 목표를 달성했을 때 발생하는 수익이 그들의 이익으로도 이어져야 한다. 그러지 않으면 그들이 열심히 할 필요가 없다.

다른 사람에게 넘어간 조직은 어찌 보면 이미 한 번 실패한 조직이다. 그들에게 성공의 기운을 넣기 위해서는 "나는 다르다", "우리는 다르다"라는 인식을 만들어주어야 한다. 공동의 목표가 생기면 이런 인식을 만들기 쉬워진다. 공동의 목표는 단계적으로 만들어가는 것이 좋고, 처음에는 쉬운 목표와 가벼운 보상으로 흥미를 유발

시키는 것이 가장 좋다.

공동 목표 설정 예시

1단계 : 일 매출 200만원 - 당일 회식

2단계 : 월 매출 8000만원 - 10만원 상당의 선물

3단계 : 3개월 매출 2억 5000만원 - 30만원 상당의 선물

4단계 : 6개월 매출 5억 5000만원 - 전 직원 1박 2일 국내 여행

5단계 : 연 매출 12억원 - 전 직원 3박 4일 해외 여행

(근태, 서비스, 컴플레인 해결 등으로 추가 미션을 거는 것도 좋다.)

⑤ 동기부여

공동의 목표는 일을 즐겁게 하기 위한 방법이라고 한다면, 동기부여는 직원에게 이곳에서 계속 일할 이유를 찾아주는 것이다. 단순히 좋은 급여와 즐거운 분위기는 근무 만족도를 높일 수는 있지만 그들이 갖고 있는 미래에 대한 불안함을 해소해주지는 못한다. 개인적인 목표가 이미 명확해서 그 목표를 위해 일을 한다면 상관이 없을 수도 있지만, 이런 경우는 목표에 조금 더 유리한 조건의 일자리가 나타나면 큰 고민 없이 이동하기도 한다.

가장 중요한 것은 개인의 비전도 함께 공유되어야 한다. 혹시 개인적인 목표나 계획 없이 일을 하고 있는 직원들이 있다면 대화를 통해서 함께 미래를 설계하는 것이 좋다. 그렇게

된다면 그 직원은 쉽게 떠나지도 않을 뿐만 아니라 창업자의 사업에 더없이 든든한 파트너가 될 것이다. 자기 목표가 뚜렷한 직원도 창업자가 그에 대해 명확하게 알고, 그 직장에서 일하는 것이 그의 목표에 도움이 된다면 직원의 충성도는 높아진다.

예를 들어 나는 예전에 음악을 하던 직원과 일한 적이 있다. 호프 집에서 아르바이트를 하고 있지만 가수를 꿈꾸며 음악을 만들던 친구였다. 나는 매장 음악 선곡은 그 직원에게 맡겼고, 가끔 그가 만든 음악을 틀게도 해주었다. 오디션이 잡히면 가능한 한 배려했다. 그 직원은 자신의 꿈을 이루기까지 생업을 이어가야 했고, 우리 매장만큼 좋은 환경을 구하기 어려웠다. 당연히 나와 꽤 오랜 시간을 함께했다.

아직 목표가 없는 직원에게 가장 좋은 목표는 나의 성공일 수 있다. 신규 가맹점 사장님들을 교육하다 보면 직원 출신의 사장님이 많다. 30~40대 젊은 사장님들의 성공 이야기가 직원들의 동기부여로 작용하는 경우가 많았다. 보통 성공한 젊은 사장님들은 브랜드 매장에서 직원으로 근무하다가 그 브랜드의 비전을 본 경우가 많다. '직접 일하면서 보니 장사도 잘되고 매장 사장님도 돈을 참 잘 버는 것 같다. 나도 저렇게 되고 싶다'는 구체적인 목표가 생기는 것이다. 이런 목표가 생긴 직원은 그때부터 눈빛이 달라진다. 월급을 차곡차곡 모으고, 업무도 배우는 자세로 더욱 집중한다. 매장에도 직원 개인에게도 도움이 되는 일이다. 창업자인 사장이 성공하는 모습을 보여주는 게 우리 직원들에게 무엇보다도 큰 동기부여가 될 수 있다.

간혹 급여인상에 대한 부담으로 직원들에게 힘들다는 말만 하는 사장님이 있는데, 솔직히 말하자면 사장이 아무리 힘들다고 말하고, 심지어 정말 힘들어도 직원들은 믿지 않는다. 오히려 믿는다면 매출 악화로 인해 해고될지도 모른다는 불안으로 먼저 그만두게 될지도 모른다. 힘든 척을 하기보다는 공동의 목표와 운영원칙을 통해 임금 협상을 명확하게 하는 것이 더 좋은 방법이다.

새로운 사업을 시작하는 사람들에게는 그 업종이나 매장에 대한 정보와 노하우를 듬뿍 가지고 있는 직원들을 고용승계받는 것이 스타 플레이어 선수를 얻는 것과 같을 것이다. 하지만 그 스타 플레이어를 언제 어떻게 쓰느냐는 결국 감독의 몫인 것처럼, 그들을 잘 관리하고 활용하는 것이야말로 창업자의 가장 중요한 역할이자 능력이다.

2. 신규 직원 채용

신규직원 채용은 고용승계보다 훨씬 더 많은 정성과 공을 들여야 한다. 말 그대로 처음부터 나와 함께 사업을 이끌어갈 파트너를 구하는 것과 다름없고, 훨씬 더 관계를 잘 만들어야 한다. 그렇다면 시작부터 체계적인 준비가 필수적이다.

1) 채용 공고

많은 사장님이 직원을 구하는 데 어려움을 겪는다. 모집공고를 올려도 전화 한번 쉽게 오지 않는다고들 답답해한다. 그런데 재미있는 것은 구직자들도 같다는 것이다. 내가 일할 만한 일자리가 없다고들 하고, 아무리 이력서를 넣어도 쉽게 연락이 오지 않는다고 한다. 어쩌면 답은 같은 것이 아닐까? 사람을 뽑는 매장도, 일하고 싶은 직원도 상대에게 자신을 보여주는 것은 모집공고와 이력서뿐이다. 즉 상대에게 선택을 못 받는 건 그 무기에 뭔가 문제가 있다고밖에 생각할 수 없다. 모집공고에는 몇 가지 필수 요소가 있다.

① 내가 원하는 인재가 명확해야만 한다.

내가 함께 일하고 싶은 사람 혹은 지금 우리 매장에 꼭 필요한 사람은 누구인지 원하는 인재상이 명확할수록 더 명확한 모집공고를 작성할 수 있다. "아르바이트생 모집"으로는 내가 만족할 만한 직원을 구하기 어렵다.

사람과 차를 비교하기는 그렇지만 어쩌면 차의 옵션과도 같을 수도 있다. 직원에게 원하는 스펙과 제공할 급여 등 조건은 비교적 명확할 것이다. 내가 원하는 만큼의 경력과 능력이 있는 직원은 다른 곳에서도 원할 가능성이 높다. 그런 직원을 우리 매장에 데리고 올 매력도 있어야 한다. 내가 원하는 직원이 있다면 그만큼 나 역시 정성을 들여야 한다.

모집공고

업무 : 조리/서빙/배달

근무시간 : 협의

시급 : 협의

기타사항 : 원동기면허 소지자/인근 거주자 우대

난 이런 공고를 볼 때마다 정말 사람을 구하고 싶은 것인지가 궁금할 정도지만, 이런 구인공고는 정말 흔하게 볼 수 있다. 그나마 브랜드가 있는 경우는 그럴 수 있겠다고 이해가 가지만, 개인 매장에선 이런 공고를 올리는 게 오히려 구인에 손해라는 생각까지도 든다.

사장 본인도 어떤 사람을 뽑을지 정리가 되어 있지 않은데, 지원자들 역시 이런 곳에 지원해야 할 이유를 알 리 없다.

② 그 명확함 속에도 진심이 묻어나는 진정성이 있어야 한다

가족 같은 직원 말고 직원다운 직원 모집

업무 : 주 업무_ 주방 조리 업무

　　　서브 업무_ 바쁠 때는 홀 정리/화장실 정리 짐도 옮길 수 있음

　　　단, 사장도 같이 하니 억울해하지 않기

성별 : 남성_ 같이 일하는 남직원들이 매일 PC방 끌고 갈 수 있음

　　　(사장님 주도)

　　　여성_ 같이 일하는 여직원들이 폭풍수다를 걸어올 수 있음

　　　(사모님 주도)

　* 성별보다는 우리 매장 분위기와 잘 어울릴 수 있는 사람 원함(간절히)

근무 시간 : 오픈조_ 12시~21시

　　　　　중간조_ 15시~00시

　　　　　마감조_ 17시~02시

　　　* 주 6일 근무 / 월 단위로 근무 스케줄 변경

＊ 가끔 직원/사장 상황에 따라 시간표 바뀔 수 있음

(따라서 본인도 일이 있으면 언제든 바꿀 수 있음)

급여 : OOO만원(월 4회 휴무 기준)

＊ 목표 매출 수당 있음(사장님 기분파)

＊ 설/추석 상여 있음(사모님 예절파)

＊ 월 1회 이상 회식 있음(직원들 파뤄피플)

＊기타사항

가족 같은 직원들 구하지 않습니다.

TV 방송 "안녕하세요"에서 보니 남보다 못한 가족들이 너무 많더라고요. 딱 직원다운 직원 원합니다. 돈 받는 만큼 일해주는 직원. 일하는 동안 즐겁게 농담하며 행복할 수 있는 직원. 매장에서 일하면서 이 매장을 인수하겠다는 야심을 품고 있는 직원. (사장님은 항상 방어태세)

사장과 직원으로서 예의는 지키고 정은 쌓으면서 인연이 닿는 순간까지 웃으며 싸우며 함께 달려갈 소중한 파트너를 구합니다.

필이 팍 꽂히면 지원하세요! 필이 팍 꽂히면 뽑겠습니다!

이런 모집공고를 보고 지원자들이 무엇을 느낄까? 구체적이고 명확한 채용 조건뿐만 아니라 이 매장의 직원들의 근무 분위기를 느낄 수도 있고, 사장님의 마인드도 엿볼 수 있다. 심지어 함께 일하는 모습을 상상할 수도 있다.

나 또한 취업을 준비하던 때에는 수많은 공고를 보고 지원했고, 가고 싶은 곳은 준비하면서 항상 그곳에 다니며 일하는 내 모습을 상상했다. 그리고 기대가 되면 될수록 면접에 임하는 자세부터 달라졌고, 일에 대한 마음가짐까지도 영향을 미쳤다. 좋은 모집공고는 많은 지원자를 모을 수 있을 뿐만 아니라, 지원자들의 마음가짐까지도 달라지게 한다. 자기가 꼭 일하고 싶은 매장으로 느끼게 만드는 것이다.

2) 면접일정

우선 사람을 구하기 힘든 매장의 특징이 있다. 급하다. 내가 지원한 지 5분도 안 되어 전화가 오고, 지금 당장 볼 수 있냐고 묻기도 한다. 그렇게 너무 적극적으로 나오면 보통은 뒤로 한걸음 물러서게 된다.

'어? 여기 뭐지? 그렇게 사람이 없나? 좀 이상한 데 아냐?'

당연히 구직자들에게 좋은 인상일 수 없다. 연락을 할 때는 내가 아무리 급하더라도 지원시간을 확인하고 연락을 할 필요가 있다. 지원 기간이 정해져 있다면 당연히 마감기간 후에 연락을 해야만 한다.

"면접은 언제 가능해요? 편한 시간에 오세요."

면접일정을 잡을 때 하면 안 되는 말이다. 면접의 주도권은 내가 가지고 있어야 한다.

"면접 일정을 ○○일 ○○시로 잡았는데 가능하세요?"

"아, 그날은 일이 좀 있는데 그 다음 날은 안 될까요?"

"그럼 잠시만요. (일정을 확인하고) 그날 ○○시는 가능한데 그 시간은 어떠세요?"

"아, 네. 좋아요."

"그럼요 ○○일 ○시에 ○○○ 씨 뵙도록 할게요. 방금 이야기한 면접시간과 오시는 길은 제가 문자로 보내드릴게요."

이 대화는 지원자에게 여러 가지 정보를 제공한다.

- 이곳은 면접시간을 따로 정해놓고 진행한다. (시스템이 갖춰져 있다.)

- 이곳은 지원하는 사람이 많은 것 같다.

- 사장님이 정중하고 예의 바르며, 일처리를 확실하게 할 것 같다.

면접시간을 정하는 대화만으로 많은 정보를 주고 있다. 지원자들은 당연히 우리 매장만 면접을 보지는 않을 것이고, 좋은 직원일수록 더 많은 선택지가 있을 것이다. 이미 면접을 본 매장이든 앞으로 볼 매장이든 우리 매장에 대한 정보를 주면 당연히 유리할 수밖에 없다.

3) 면접 진행

우선 지원자의 방문시간을 정확하게 알고 있어야 한다. 보통 지원자의 경우 첫 방문이기 때문에 어색하고 불편할 수밖에 없는데, 방문했을 때 면접을 하는 줄도 모르고 있으면 당연히 매장에 대한 이미지가 안 좋아질 수밖에 없다. 어찌 보면 당연한 이야기지만 일에 바빠 놓치는 경우가 많다.

또한 매장 한 켠 테이블에서 면접을 보더라도, 면접을 볼 준비가 되어 있어야 한다. 면접 준비는 보통 면접 테이블 지정, 음료 제공, 이력서 등 서류 출력 등이 있다.

면접을 시작하며 우선 지원서를 중심으로 질문을 해나간다. 이력서 내용 확인이어도 좋고, 그 연장선에 있는 추가 질문이어도 좋다. 이력서는 매장에 대한 정보가 부족한 상황에서 일방적으로 쓴 자료이니만큼 매장 상황을 고려해서 구체적인 질문으로 확장하는 것이 좋다. 나이에 상관없이 절대 반말은 안 된다.

"우리 매장은 고객이 많아서 많이 바쁜데 체력적으로 무리가 되지는 않을까요?"

"집이 버스로 20분 정도 걸리는 거리던데 늦게 끝나도 출퇴근이 가능할까요?"

"다른 경력은 많은데 외식 쪽에 경험이 없어서 처음부터 새로 배우는 거 걱정되진 않나요?"

"여기저기 짧게 일한 적이 많은데 그렇게 일한 이유가 있나요?"

"개인적인 목표가 뭐예요? 왜 이 일을 하려고 하나요?"

구체적인 질문이 많으면 많을수록 지원자는 긴장하기 마련이다. 스스로를 다른 사람에게 평가받는다는 생각이 들면 적당한 긴장이 생긴다. 이 일자리가 쉽지 않은 곳이라는 이미지가 있으면 합격 후에도 일하는 태도가 다르다. 쉽지 않은 면접을 겪고 나면 이미 일하고 있는 직원들도 달라 보이게 만든다. '여기 일하는 사람들도 다 이런 과정을 통해서 사장님과 함께 목표를 공유하겠구나'라는 생각만으로 직원들이 달리 보일 것이다

앞에서도 말했듯이 면접에서는 지원자에 대한 질문이 많아야 하며, 충분히 질문을 한 뒤 매장에 대한 얘기와 창업자의 비전을 함께 공유하는 것이 좋다.

"입사하시게 되면 주로 이런 업무를 하게 되실 겁니다. 저는 우선 지금 이 매장 하나가 목표는 아니라서 앞으로 이 사업을 함께 만들어갈 사람을 찾는 거예요. 함께 일하게 되면 단순하게 잠시 아르바이트 하는 곳이라고만 생각하지는 말고, 정말 목표를 가지고 함께 일하면 좋겠어요.

그런데 혹시라도 같이 일을 못하게 되더라도 너무 서운해하지는 마시고요. 다른 데 가서 저희 매장 욕하고 다니고 그러시면 안 돼요. 제가 ○○○ 씨 꼭 기억할 테니까요. 대신 손님으로 오시면 면접 서비스 제공하겠습니다. 물론 지금 떨어졌다는 말 아니에요. 아

직 면접자가 남아 있어서요."

면접 때 오가는 대화만으로도 충분히 많은 것을 만들어갈 수 있다. 심지어 함께 일할 수 없더라도 좋은 면접 경험은 그들을 다시 고객으로 끌어들이게 된다.

4) 합격통보

가장 안 좋은 합격통보는 그 자리에서 바로 말하는 것이다.

"오늘부터 바로 일할 수 있어요?"

"내일부터 출근하세요."

지원자에게 이 일자리를 쉽게 구했다는 이미지를 준다. 즉 나의 능력 때문이 아니라 지금 이 매장 상황이 좋지 않아 사람이 너무 급해서 어쩔 수 없이 뽑았다는 생각이 들게 된다. 이런 생각은 일하는 사람의 자존감과 의욕도 떨어뜨린다. 합격통보는 분명하게 나중에 사장이 직접 해야 한다. 아쉽게도 대부분의 외식업이나 자영업에서는 사람을 뽑을 때 면접자리에서 합격을 통보하는 경우가 많다. 그러다 보니 지원자들도 그 자리에서 합격통보를 받는 데 익숙하다. "곧 연락드릴게요"라는 말은 보통 불합격 통보로 생각한다. 지원자들은 보통 언제부터 일할 수 있는지, 다른 곳 면접은 어떻게 보고 선택할지를 생각해두는데, 합격통보가 그 자리에서 이뤄지지 않고 연기되면 당황하게 된다. 그 마음도 일자리를 대하는 태도를 다르게 하는 데 큰 역할을 한다.

"○○○ 씨 맞으시죠? 안녕하세요. 지난번에 면접 진행했던 ○○○ 매장 ○○○ 사장입니다. 저희가 ○○○ 씨 이후에도 면접을 진행했는데, 제가 ○○○ 씨랑 같이 일을 하고 싶어서요. 다음 주부터 출근 가능할까요?"

합격통보는 아주 큰 의미를 가진다. 내가 선택받았다는 기분과 새로운 일을 시작한다는 현실에서 강한 동기부여가 만들어진다. 지원자의 구직 생활에 명확한 맞춤표를 찍어주기 때문에 다른 곳에 대한 미련도 사라진다. 이런 작은 차이가 함께 일할 파트너에게는 기분 좋은 경험과 설렘을 제공한다.

안녕하세요. ○○○ 매장입니다. 이번 직원 채용에 지원해주신 점 진심으로 감사의 말씀을 전합니다. 모든 지원자와 면접을 보고 고심한 결과 ○○○ 씨와 함께 일할 수 없게 되었습니다. 능력이 부족한 것이 아니라 지금 저희 매장의 상황과 맞지 않은 것이니 좋은 기회에 다시 뵙기를 기대하겠습니다. 다시 한 번 어려운 걸음 해주셔서 진심으로 감사드립니다.

불합격 통보도 명확한 답을 전달하는 것이 좋다. 다만 전화보다는 문자가 서로 좋겠고, 내용만큼은 정성스럽게 감사한 마음과 유감을 표현하는 것이 좋다. 향후 고객으로, 혹은 다시 직원으로 만날 수 있기에 좋은 이미지로 마무리하는 것은 꼭 필요한 과정이다.

한마디 한마디. 진정성과 정성이 가득한 구인공고, 지원하니 면접 일정을 잡고 준비된 공간에서 진행하는 까다롭고 준비된 면접, 약속된 날짜에 정확하게 합격통보를 주는 매장과 그렇지 않은 매장의 근무조건이 같다면 지원자는 어디에서 일을 할까? 일을 할 때 태도나 행동은 어떨까? 아주 간단한 원칙이 있다.

"대충 뽑으면 대충 일하고, 제대로 뽑으면 제대로 일한다."

고용승계도 직원 채용도 창업자 본인이 사업을 진행해가는 데 매우 중요하다. 창업의 모든 과정이 쉽지는 않겠지만, 문제가 되면 다시 수정하고 변경할 수 있다. 하지만 그중에 사람이 잘못되었을 때 변화시키는 것이 가장 어렵다. 정성을 들여야 좋은 사람이 곁에 머물 것이다. 어쩌면 창업을 함에 있어 사람을 잘 구하는 것이 가장 중요한 일일지도 모른다.

07

가족 같은 직원, 직원 같은 가족

그동안 다양한 업종의 사장님을 만나며 들었던 공통적이고 가장 큰 고충은 언제나 인력관리였다. 실제로 많은 사장님들은 직원 구하기 힘들다거나, 직원과의 관계로 머리가 빠질 것 같다는 말도 자주 한다.

연일 언론을 통해 문제시되는 갑을관계지만, 그 관계가 수시로 왔다갔다 한다. 모든 이들에게 갑인 사람도, 을인 사람도 없다. 그래서 사람들은 자신이 갑의 특권을 누릴 기회가 왔을 때 최대한 누리려 한다고도 말한다. 인력관리에 대해서는 쉽게 말해 누가 갑이냐에 따라 창업자의 인력 운영이 전혀 다른 양상을 띈다.

내가 베이커리 기업에서 근무할 때 그 업종 사장님들의 가장 큰 과제는 제빵기사와의 관계였다. 제빵기사가 없으면 운영 자체가 안 되는 업종이기 때문에, 통상적인 고용주와 고용인 관계가 되기 어렵다. 프랜차이즈 본사에서도 제빵기사의 채용 프로세스는 별도로 진행해 직무교육을 이수하게 한 뒤에 가맹점에 파견 보내는 형식으로 운영한다. 그래서 제빵기사는 본사와의 계약으로 채용이 이뤄지고 급여는 가맹점을 통해 받는 애매한 구조가 된다.

하지만 결국 프로세스가 어떻게 되어도 결국 수요과 공급 문제가 이 시장에 전반적인 룰을 만든다. 가맹점에서 제빵기사를 원하는 수요는 일정한데 제빵기사로 교육받은 인력이 풍부하면 당연히 가맹점주는 갑이 된다. 이런 경우 가맹점주가 주는 급여조건은 조금 낮아지고 업무를 관리하는 잔소리는 늘어난다. 마음에 들지 않으면 본사에 요청해서 다른 기사로 교체하면 되기 때문이다. 하지만 반대로 제빵기사 인력이 줄어들면 갑의 위치는 제빵기사가 차지한다.

결국 본사에서 인력을 조정해서 수요와 공급의 균형을 이루도록 하는 것이 가장 이상적일 것이다. 하지만 우선 임의적으로 인력시장을 관리한다는 것 자체가 불가능한 일이기도 하고, 이 균형이 이루어진다고 해도 결국은 또 다른 부작용이 나타나기 마련이다. 바로 근무자들의 능률이다. 즉 수요와 공급이 균형을 이뤄 모든 가맹점이 필요한 인원만큼 직원들을 공급받을 수 있다면 당연히 창업자 입장에서는 더 능력 있고 성실한 직원과 함께 일하고 싶을 것이다.

내가 누군가를 고용해서 일을 진행해야 할 때는 수많은 밀당이 존재할 수밖에 없다.

고용인의 수요 〉 직원의 공급 = 직원이 갑 – 여/복지/근무조건 높아짐

고용인의 수요 〈 직원의 공급 = 고용주 갑 – 급여/복지/근무조건 낮아짐

직원 스팩/역량/충성도 높아짐

고용인 수요 = 직원의 공급 =

역량 높은 직원이 갑 – 인센티브/초과수당/프리미엄 높아짐

직원을 본사에서 파견하는 베이커리 프랜차이즈의 이야기지만, 다양한 자영업에서도 공통적으로 발생되는 문제다. 우리 사회 전반의 인력시장 구조를 봐도 결코 크게 다르지 않다. 그런데 창업자들이 직원을 구할 때 조건으로 제시하는 그 역량이 그리 높지 않다는 점에 가장 큰 문제가 있다. 즉, 업무의 전문성이 중요하고 그 직원의 역량이 사업전반에 많은 영향을 미치는 부분이라면 당연히 구인을 하는 과정부터 그들을 검증하고 고용하기까지 검증과정을 거쳐야 한다. 경력으로 그들의 역량을 미리 파악하기 힘들 때는 기대와 다를 것을 우려해 인턴이나 수습제도를 두기도 한다.

하지만 실제로 창업자가 필요로 하는 직원의 역량은 그렇게 대단한 것이 아니다. 근무자들을 무시하거나 비하하는 말이 아니다. 가장 중요한 역량은 당연히 근면성실이며, 업무에 일찍 적응할 수 있

는 학습능력, 고객 함께 일하는 사람들에게도 중요한 서비스 마인드, 게다가 어디서 일부러 배우기도 힘든 업무 센스 등이다. 이 모든 역량은 수치화하거나 문서화하기 어려우며, 면접을 통해서 확인한다고 해도 결국 채용해서 일을 하기 전까지는 정확히 알 수 없다. 확인보다는 믿고 고용해야 한다. 결국 서류상으로 동종업계에 근무했던 이력을 가장 중요한 평가기준으로 삼게 되는 것이 사실이다.

1. 이력 : 동종업계 경험 유무 / 근무 기간

2. 주거지 : 근태에 가장 많은 영향을 미치는 부분

3. 일을 하고자 하는 이유

그래서 정말 까다롭게 확인을 해도 결국 새로운 직원을 뽑을 때 고려하는 요소는 이 정도이다. 예를 들어 치킨집에서 배달직원을 뽑는다. 안타깝게도 치킨집의 배달직원은 수요보다 공급이 부족하다. 그러다 보니 배달직원이 갑인 경우가 많다. 그래서 사장이 직원의 면접을 보는 게 아니라, 배달직원이 매장을 보는 분위기로 바뀌어 있다. 하지만 한 사장님이 큰맘 먹고 면접에 지원한 배달직원에게 많은 질문을 했다.

Q. 배달 경력이 있냐?

A. 다른 매장에서 2년 정도 일했습니다. 배달 구역이 같습니다.

Q. 집은 어디냐?

A. 차로 5분 정도 걸립니다.

Q. 결혼은 안 한 것 같고, 애인은 있냐?

A. 있는데 그걸 왜 물어보시나요.

Q. 이 일은 왜 하려고 하냐?

A. 돈 벌려고 합니다.

　내가 이런 식으로 면접을 진행했다면 아마 이 직원을 뽑지 않을 것이다. 하지만 이 사장님은 아마 뽑을 것이다. 이 허술하고 성의 없는 면접에서 그는 딱 한 가지만 보았을 것이기 때문이다. 동종업계 2년 근무, 저 명확하지 않은 정보로 사장님은 그의 역량과 성향을 모두 이해하고 추측하려 할 것이다. 하지만 그 한 가지 정보도 정확하지 않다. 기간은 기본적으로 늘렸을 테고, 그 기간에도 얼마나 성실하게 근무했는지, 어떤 서비스를 했는지, 왜 직장을 옮기려고 하는지에 수없이 많은 비밀이 숨겨져 있다.

　시장의 법칙에 따라 갑과 을은 어쩔 수 없이 존재한다. 하지만 그 시장의 법칙을 뛰어넘는 강점도 분명히 존재한다. 즉 조건이 조금 부족해도 일하고 싶은 직장을 만들어주면 된다. 그 시작은 내가 그 직원들을 어떻게 뽑고자 하는지부터가 시작이다.

하지만 나는 '그러니 결코 자영업을 하면 안 된다'는
말을 하려는 게 아니다.
내가 목격한 사장님 중에선 그 공허증후군을
멋지게 이겨낸 분들이 있었기 때문이다.

행복하게
창업하자

목표를 세우고 그 계획을 실천하는 것이
중요하다. 나쁜 증세가 있다는 걸 알고
고칠 수 있는 방법을 안다는 것만으로도
이 힘든 자영업을 계속 운영해가는
힘을 낼 수 있다.

01

나에게 고객은 어떤 의미인가

내가 창업자들에게 교육을 시작할 때 꼭 하는 질문이다.

"고객이란 무엇이라고 생각하시나요?"

질문이 뻔한 만큼 뻔하고도 다양한 대답들이 나온다.

"고객은 친구다."

"고객은 돈이다."

"고객은 동반자다."

"고객은 우리의 미래다."

"고객은 우리에게 월급을 주는 사람이다."

이 많은 대답 중에 항상 빠지지 않는 대답이 있다.

"고객은 왕이다."

"고객은 갑이다."

이 대답에서 창업의 시작이 달라진다고 할 수 있다.

나는 참 많은 고객을 만났다. 어린 시절 식당, 카페, 호프집에서 아르바이트를 할 때부터 제대 후 휴학기간 동안 극장과 휴대폰 대리점에서 직원으로 근무할 때, 내가 직접 창업을 해서 사장으로 만난 고객들까지 참 많은 종류의 고객을 만나 소통했다. 지나보니 내 나이나 상황에 따라 고객이 나에게 대하는 태도가 달라졌다. (이 부분에 있어서는 뒤에서 다시 구체적으로 설명할 예정이다.)

지금은 이보다 더 근본적인 이야기를 하려고 한다. 고객의 기분이 좋을 때는 응대하는 내가 파트타임 직원, 정규직 직원, 매니저, 사장일 때 고객의 태도가 각각 많이 달라진다. 필요한 것을 받지 못했거나 마음에 안들 때는 응대하는 나의 직급이 무엇이든 비슷한 태도를 보였다.

최근 이른바 '갑질'이 큰 문제가 되었다. 고객의 불합리한 요구나 억지를 대책없이 받아주는 문화가 생겨버렸기 때문이다. 예비창업자든 창업을 해서 자기 매장을 운영하는 사장님이든 다른 매장에 가면 고객이 됨에도 불구하고, 고객을 왕처럼 대우한다.

그런데 이런 인식은 오히려 고객과의 관계를 만들어가는 데 걸림돌이 된다. 고객을 너무 어렵게 대하면 서비스나 배려는 마음에서 우러나올 수가 없다. 겉으로 보여주는 형식은 티가 쉽게 난다.

따라서 고객은 왕, 고객은 갑이라는 인식으로 사업을 시작한다면 고객을 위해 준비하는 것이 아니라 고객과의 갈등을 막기 위해 방어적인 서비스만을 제공하기 쉽다. 그러다 보니 고객을 대하는 태도 역시 다를 수밖에 없다. 고객이 어서 빨리 나갔으면, 별다른 일 없이 이 상황이 빨리 끝났으면 하고 바란다면 그 사업이 과연 성공할 수 있을까.

그래서 나 스스로가 고객을 어떻게 인식하는지 아는 게 중요하다. 그러기 위해서는 고객을 분석하는 것부터 시작해야 한다.

- 인구 수
- 남녀 구성
- 가족 구성
- 나이 대 별 분포
- 소득 수준
- 주 소비 품목

이 정도 정보는 소상공인 협회나 해당 지역 주민센터 혹은 카드사에서도 제공해주는 정보들이라 크게 고생하지 않고도 쉽게 찾아낼 수 있다. 하지만 여기서 더 나아가야 한다. 그들의 심리와 취향·습성·특징도 파악하려 노력해야 한다.

예를 들어 내가 승진을 하고 싶어서 상사에게 잘 보여야 하는 상황이라고 하자. 그래서 그 상사의 가정사, 경조사 혹은 그 가족들의 대소사까지 알아보고 준비하는 일은 어렵다. 왜냐면 내가 하고 싶지 않은 일이기 때문이다. 내가 하고 싶은 것은 승진이다. 그래서 그 과정 중에 스스로 자괴감에 빠지기도 하고 수백 번 그만두고 싶은 충동도 생길 수밖에 없다.

하지만 연애는 또 다른 이야기다. 내가 마음에 들어 하는 이성이 있고 그 이성과 핑크빛 미래를 만들고 싶어 하는 상황이라고 하자. 그 사람의 마음에 내가 들어가기 위해 노력한다. 상대의 관심사와 서로의 공통점을 찾아내며 우연을 가장한 만남도 만든다. 기회가 왔을 때 잘 보이기 위한 최선의 노력을 다한다. 그 과정에서 스스로의 모습에 놀랄 수는 있지만 그렇다고 자괴감에 빠지거나 힘들어하지는 않을 것이다. 왜냐하면 그 과정도 행복하기 때문이다.

이 둘의 가장 큰 차이가 무엇일까? 바로 내가 행복을 느끼는 순간의 길이에서 너무 많은 차이가 난다. 고객을 왕이나 갑으로 생각하면 그 고객으로부터 수익을 얻는 순간을 제외하고 모든 과정이 힘들고 어려운 고통의 시간이 되고 만다.

하지만 고객을 연인처럼 친근한 존재로 생각하면 고객이 오기 전 준비과정부터 매장을 나서는 고객에게 인사하는 마지막 순간까지 모든 시간이 다 행복하고 즐거워진다. 간단하지만 가장 중요한 사실이다.

성공한 사장님을 수없이 알고 있지만, 그중 고객을 두려워하는 사장님은 한 사람도 없다. 오히려 고객과의 관계로 즐거워하고 행복해한다. 그 즐거움은 단순히 그들이 지불할 금액이 아니라 고객과 함께 나누는 시간에서 온다.

고객은 연인으로 생각하게 되면 그 사전준비 단계부터가 즐거워진다.

① 사전준비

단골고객 데이터 분석, 지역카페 동호회 가입 및 활동, 고객 만족도 조사, 고객과의 대화 등을 통해 고객이 원하는 서비스를 개발하고 기존 서비스를 개선한다.

② 고객 응대

준비된 서비스나 제품을 고객들에게 제공한다. 고객들을 위해 야심 차게 준비한 것들이니만큼 제공하는 단계에서 자연스럽게 친절함이 묻어난다. 고객의 표정을 계속 살피게 되는데, 단순히 눈치를 보는 것과는 다른 이야기다. 내가 준비한 것을 고객이 어떻게 받아들이고 반응하는지를 살핀다.

③ 고객 만족

내가 준비한 서비스에 고객이 반응하고 만족을 표시했을 때의 감동은 이루 말할 수 없이 크다. 간혹 고객의 만족이 조건부 만족, 즉 전반적으로 좋지만 어떤 부분은 아쉽다고 하면 부족한 부분을 채우기 위해 의지가 불타오르는 계기가 된다.

내가 기대한 것이 고객의 마음에 들지 않는 경우도 분명히 있다. 그리고 간혹 그런 일 때문에 의지가 꺾이기도 한다. 하지만 사업은 한두 사람만을 위한 서비스가 아니다. 나의 서비스에 만족하는 고객도 분명히 존재한다. 그 고객들에게 힘을 얻고, 만족하지 못한 고객의 의견은 적극적으로 반영해 개선하면 된다.

④ 자기만족

서비스는 결국 자기만족이 동반되어야 한다. 스스로를 칭찬하고, 그런 칭찬을 즐겨야 한다. 칭찬 중독만큼 무서운 무기는 없다. 고객을 향한 서비스지만 사회복지사업이 아닌 이상 스스로의 만족과 성과가 이루어지지 않는다면 아무 소용없다. 좋은 서비스로 생겨나는 금전적 보상과 행복을 충분히 즐겨야 더 좋은 서비스를 준비할 수 있다.

사회복지사나 종교인, 봉사자들은 상대의 기쁨에서 자신의 기쁨을 찾는다. 창업자도 크게 다르지 않다. 내가 판매한 한 그릇의 음식에 만족하고 행복해하는 고객의 표정에서 얻는 행복과 즐거

움을 안다면, 가끔 나를 힘들게 하는 고객도 이겨낼 수 있는 힘이
생긴다.

가끔 나는 어머니께서 나를 키우셨던 모습들을 떠올린다. 아니
굳이 그렇게 과거를 뒤지지 않아도 주변의 수많은 부모와 자녀의
모습에서 느끼는 것이 많다. 아이를 기르는 것은 힘든 일이지만, 막
상 물어보면 힘들기만 하다고 대답하는 부모는 없다. 정당한 대가
가 보장되지 않은 고된 일도 과정 자체에서 오는 기쁨들이 있기에
견딜 수 있다.

창업을 하고 고객을 맞이하는 일은 분명히 어렵다. 준비와
접객은 끝이 보이지 않는다. 만약 과정에서 오는 즐거움을 찾
지 못한다면, 창업자는 큰돈을 들여 스스로 지옥에 들어가는
것과 다를 바가 없다.

뻔하디 빤한 이야기지만 고객을 사랑하라. 연인의 사랑이든 부모
의 사랑이든 사랑만이 과정을 행복하게 만드는 유일한 방법이다.

02

공허증후군

내 교육을 받던 한 가맹점 사장님이 질문을 하셨다. 치킨 프랜차이즈 가맹점을 10년째 운영하시던 사장님이었다.

"강사님, 제가 궁금한 것이 있는데요."

"예, 말씀하세요."

"제가 가게를 마무리하고 마감 청소까지 다 끝내고 나면 시간이 새벽 2시쯤 되거든요."

"아, 그러세요."

"그런데 가게 마감 정리를 다 하고 가게 의자에 딱 앉으면 갑자기 뭔가 가슴 한쪽이 허해요. 왠지 모르게 마음이 허전하고 쓸쓸해지는데 시간이 너무 늦어서 핸드폰을 뒤져봐도 부를 만한 친구가 없는 거예요. 와이프는 애들 때문에 먼저 집에 들어가서 자고 있고요. 저만 혼자 덩그러니 있는데 그냥 들어가기는 싫고, 딱히 부를 사람은 없고…. 그래서 결국 혼자서 소주 한 병을 따서 마시거든요. 그렇게 혼자 소주 한 병을 다 마시고 나야 겨우 집에 가서 잠이 오더라고요.

"아, 예…."

"근데 제가 궁금한 건요. 이게 저만 그런 건지, 아니면 다른 사장님들도 다 그러신지…. 그게 너무 궁금해서요. 괜찮으시면 강사님이 대신 좀 물어봐주세요."

그 질문에 교육장에 뭔가 술렁이는 분위기가 생겨났다.

"지금 이 사장님 말씀 들으셨죠? '나도 저 사장님처럼 마감을 하고 나면 허전한 감정을 느낀다. 혼자서라도 꼭 술을 마셔야 잠이 온다' 하시는 분들 계신가요?"

처음 사장님의 질문도 당황스러웠지만, 다른 분들의 반응도 당황스러웠다. 그곳에 모인 50여 명 중 30명 이상이 손을 들었기 때문이다.

나는 이 현상을 '공허증후군(Empty Syndrome)'이라고 부른다. 그 어떤 문헌이나 논문에도 등장하지 않은 말이지만, 현장에서 수많은 자영업자를 만나 수없이 목격했고 들어왔던 증상이다. 정리하자면 대체로 이런 증상을 보인다.

동일한 업무를 반복적으로 수행하고 하루를 마감했을 때 뒤늦게 찾아오는 공허한 감정. 보통 우울증과 불면증을 동반하며, 음주나 흡연을 부추긴다. 주로 동일한 업무에서 성취감이나 만족감을 받을 수 없는 의욕저하 상태나 일 자체에 대한 매너리즘에 빠져 있을 때 주로 발생하며, 특히 그 업무 자체를 거부할 수 없거나 업무 변화에 대한 의지가 없을 때 더 강하게 나타난다.

이 공허증후군은 자영업자가 매장에서의 지친 하루의 일과를 마쳤을 때 찾아오는 공허함과 외로움이 찾아오는 증상인데, 현장에선 많은 사람이 느끼는 감정이지만 무슨 이유로 발생하는지 혹은 어떻게 해결해야 하는지 모르는 채 그냥 참고 넘어가는 경우가 많다.

일을 하는 이유는 기본적으로 생계유지다. 뿐만 아니라 그 노력은 자신과 가족의 새로운 꿈과 목표를 만들어내고 지원하기 때문에, 이런 노력이나 시간은 그 자체로도 의미 있고 가치 있는 일이다.

위의 사장님의 질문을 되짚어보면 그 질문 안에도 가족을 찾아낼 수 있다.

"와이프는 애들 때문에 먼저 집에 들어가서 자고 있고요."

이 말이야말로 그 사장님께서 왜 그 시간까지 일을 해야 하는 가장 명확한 답이다. 우리 가족의 현재를 지켜주고 미래를 이어주는 일을 하고 있는데, 허전할 이유도 허전할 틈도 없어야 하는 게 맞지 않을까.

또한 책임져야 하는 직원들도 있다. 직원들도 나름대로 개인적인 상황이나 조건에 따라 누군가에게는 그 일터에 직원 가족의 생계가 걸려 있기도 하고, 다른 누군가에게는 꿈과 목표를 위한 준비기간 이기도 하기 때문이다. 변하지 않는 중요한 사실은 사장님의 노력이 그들의 삶에도 분명한 영향을 미치고 있다. 나 역시도 학창시절 학비와 생활비 대부분을 아르바이트를 통해서 충당해왔고, 아르바이트 기간 동안 배우고 느낀 수많은 경험이 지금의 업무에 많은 영향과 도움을 주고 있다.

그리고 교과서적인 이야기를 하자면 사장님이 책임져야 하는 마지막 존재는 바로 고객이다. 든든한 국밥 한 그릇이든지 치킨 한 마리, 빵 한 봉지든지 고객에게 제공하는 제품 이상의 가치로 전해질 수 있다.

이렇게 의미 있는 가치를 만들어내는 사람이 긴 하루를 보내고 남는 감정이 공허함이라면, 이건 생각보다 아주 심각한 문제다. 이 말도 안 되는 감정을 나도 겪었다. 처음 그 질문을 받고, 또 다른 사장님의 반응을 눈으로 확인했을 때 나도 같은 감정을 겪었던 그때가 떠올랐다.

나는 26세라는 비교적 어린 나이에 창업을 했다. 거창하고 어마어마한 꿈을 이루는 상상을 해보긴 했지만 그저 내가 다니고 싶던 대학원 학비를 마련하고자 시작한 어설프고 소박한 도전이었다.

고등학교 시절 PD라는 꿈을 가지고 입학한 신문방송학과였지만 우연히 들어간 연극 동아리에서 연극에 푹 빠져버리게 되고 연극인으로서의 꿈을 꾸기 시작했다. 결국 군대에 다녀와서 연극영화과로 복수전공을 신청하고, 많은 동기와 친구가 취업하기 위한 스펙을 쌓기 시작할 때 대학원 입학을 위한 준비를 하기 시작했다. 대학원을 준비하면서도 가슴 한쪽의 불안함은 있었다. 왜냐하면 군대도 다녀온 아들에게 쿨하게 대학원 학비를 대줄 수 있을 만큼 여유 있는 집이 아니었고, 나 역시도 그렇게 뻔뻔하지 못했다. 하지만 그런 걱정과 우려보다 연극 공부에 대한 의지가 더 컸고, 결국 간절히 원했던 대학원에 당당히 합격했다. 하지만 중요한 것은 결국 돈이었다. 당시에도 결코 만만치 않은 금액이어서 입학금과 등록금을 포함한 총 금액은 700만원이 넘었다. 결국 고민 끝에 찾은 방법은 창업이었다.

마침 특전자 하사관으로 근무하며 생명수당에 위험수당까지 두툼한 월급을 받는 착실한 친구와 고모부의 가게에서 열심히 가업을 잇고 있던 친구가 든든한 힘이 되었다. 거기에 부모님께 빌린 돈으로 처음으로 창업을 하게 되었다.

그 지역의 유명 프랜차이즈 호프집을 이기겠다는 야심찬 계획으로 인테리어에서부터 메뉴 선정, 홍보 아이템, 마케팅 전략까지 밤새 셋이 고개를 맞대며 고민하고 노력했다. 우리 가게가 가지고 있던 단점은 열정과 노력으로 충분히 이겨낼 수 있었고, 가게를 넘기기 전날까지도 매일 거리에 나가 홍보를 게을리하지 않았다. 창업을 한 우리 모두 최선을 다했고, 나는 학업을 병행하며 열정을 쏟았다. 하루 평균 12시간 이상씩 근무를 했고, 하루도 쉬지 않았다. 그렇게 노력한 결과 오픈한 지 6개월도 되지 않아 그 지역에서 세 손가락 안에 드는 매장으로 자리 잡았다.

그때였다. 공허증후군은 그 최고의 순간에 찾아왔다.

> 10:00~16:00 : 학업 – 수업이 없는 날은 공연 준비
>
> 17:00~19:00 : 매장 오픈 준비 – 오픈 시간은 5시, 청소·세팅·홍보물 준비·주방 업무 돕기
>
> 19:00~21:00 : 홍보 – 홍보용 사탕 등을 준비해 거리에서 호객행위
>
> 21:00~03:00 : 홀서빙
>
> 03:00~04:00 : 마감 및 청소

이 시간표는 매일 반복되었다. 처음에 즐겁고 신나던 감정은 어느 순간부터 무뎌져 가고 있었다. 그러면서 생활이 뭔가 이상하다는 것을 생각하게 되었다. 가게를 마감한 뒤, 다음날에도 저 시간표를 유지하려면 분명 잠을 자야 한다. 그런데 막상 집에 가면 잠이 오지 않았다. 아니 정확하게 말하자면 잠이 오지 않는 것이 아니라 잠을 자기 싫었다. 몸은 피곤하고 지쳐서 녹초가 되었고 정신은 이미 멍해져서 두통까지 느껴지는데, 그때부터 영화나 미국 드라마를

보기 시작했다. 내용이 재미있어서 본 게 아니라, 단지 그냥 잠들기 싫다는 생각으로 잠들기 직전까지 말도 안 되는 고집으로 시간을 끌었다. 결국 다음날 일정에도 영향을 미쳤고, 수업에도 매장 운영에도 지장을 줄 수밖에 없었다. 그렇게 그냥 시간을 버리고 있었다.

그 당시에 나는 내가 왜 그러는지 몰랐지만 시간이 지나 생각해 보니 분명한 이유가 있었다. 그건 바로 하루 중에 나를 위해 쓴 시간이 없었기 때문이다. 하루를 그 누구보다도 열심히 살고 있었고 내 미래를 위한 투자였지만, 문득 나의 현실을 위해 쓴 시간이 없다는 아쉬움이 찾아왔다. 물론 학업도 장사도 스스로를 위해 쓴 시간이지만, 나는 그 모든 것을 참아낼 만큼 대단한 사람이 아니었다. 결국 나는 하고 싶은 일을 하고 싶어 했을 뿐이다. 창업을 시작하던 시기에는 찬란한 미래를 위해 설레고 두근거렸지만, 그 열정과 의지가 무뎌지자 결국 현실의 삶이 갑갑해지기 시작했다.

나를 위한 시간이란 이성이 판단하는 미래를 위한 노력이 아니라, 감성적으로 스스로 만족할 수 있는 시간이었다. 특히 성취감이나 보람이라는 감정은 생각보다 쉽게 질리는 것이다 보니, 가게를 시작하던 초기에는 끊임없이 뿜어져 나왔지만 시간이 가면 갈수록 사라지는 것이 오히려 자연스러운 감정이었다.

그렇다면 내가 이 일과를 유지해가기 위해서 나를 위한 시간이 필요했다는 의미다. 그래서 기억도 나지 않는 미드나 감상도 남지 않는 영화를 보곤 했던 게, 다음날의 피곤함보다 그날의 그 감성이 간절했던 것이다.

당시 그 감정을 느낀 건 나 혼자만이 아니었다. 함께 동업하던 친구 중에 한 명은 새벽 4시에 가게 영업을 마친 후 항상 PC방으로 향했고 해가 중천에 뜰 때까지 게임을 했다. 가끔은 PC방 의자에 기대 잠을 자고 가게로 바로 나오는 날도 있었다. 성실함이 가장 큰 장점이었던 그 친구는 지각도 많이 하고, 매장에서 쪽잠을 자는 일도 많아졌다. 그리고 이런 모습들이 동업하던 우리가 싸우고 가게를 넘기게 되는 데 큰 이유로 작용하기도 했다.

공허함은 아이러니한 감정이다. 앞에서 언급한 일을 하는 이유 중 첫째가 가족이고, 둘째가 직원들이었고, 셋째가 고객인데, 가장 큰 문제는 지금 자영업을 하고 있는 사장님들의 일과를 아무리 뒤져봐도 자기 자신을 위한 시간은 없다. 스물여섯에 창업한 어린 사장들의 삶에도 자신을 위한 시간이 없어서 엉뚱하게 고민하며 힘들어했는데, 가족과 직원과 고객을 위해 살아가는 사람들이 자기 자신을 위한 시간을 찾는 게 결코 쉬운 일이 아니다. 가족을 위해 일하고, 직원들에게 월급을 주기 위해 쉬지 못하고, 절대 갑인 고객을 위해 굽신거리며 하루를 보내고 나면, 이미 나의 시간과 나의 존재는 사라져 있다. 이런 이유로 수많은 사장님이 공허해지고 혼자 술을 마시며 무기력감과 불면증을 겪게 되고 만다.

저에게 손을 들어 질문하셨던 그 사장님은 가족과 함께 친구를 언급한다. 생각해보면 친구는 지극히 개인적인 관계다. 그런데 그런 친구가 없다. 새벽에 공허한 시간이 찾아왔을 때 어쩌면 가족보다도 더 필요한 사람은 소주 한잔 기울일 친구인데 말이다.

한번은 불만고객을 응대하는 방법에 대한 교육 중 쉬는 시간에 조심스럽게 다가오신 사장님 한 분이 물어보셨다.

"강사님, 제가 매장을 운영한 지 10년째인데요. 요즘에는 도대체 감정 조절이 안 되요. 고객이 와서 화를 내고 가면 그 다음부터는 하루 종일 손이 떨려서 아무것도 할 수가 없어요. 가슴도 진정이 안 되서 그 다음부터는 직원들한테도 나도 모르게 짜증을 내고 툴툴거리고 와이프랑도 꼭 싸워요. 이건 어떻게 해야 할까요?"

저에게는 또 한 번의 충격이었다. 불만고객을 응대하는 프로세스를 알려주고 고객들의 마음을 푸는 방법을 알려주는 강의를 하고 있는데, 결국 고객의 마음을 풀어주어야 할 사장님 마음이 심각하게 상처받고 있다는 말이었기 때문이다.

"사장님, 혹시 취미는 있으신가요?"

"취미요? 무슨 말씀이세요? 장사하다 보면 시간이 진짜 안 나요. 애들 공부 봐주는 시간도 진짜 겨우겨우 내는 데 무슨 취미 생활을 해요.”

　수많은 사장님은 정말 시간이 없다고 말한다. 단순히 바쁘다는 엄살이 아니라 말 그대로 시간이 없기 때문이다. 오전에 오픈 준비부터 일과를 시작해, 하루 종일 매장에서 영업을 하고 정산과 마감, 내일을 위한 준비까지 하고 나면 새벽이 다 되서야 끝이 난다.

　하지만 많은 사장님을 만나면서 가진 나의 확신은, 누구나 자신을 위한 시간을 만들 수 있다는 사실이다. 본인에게 의지만 있다면, 조급해하지 않는다면, 아주 작은 용기만 있다면 가능하다.

　“사장님, 시간은 알아서 나는 게 절대 아니에요. 억지로 만드는 겁니다. 시간이 알아서 나기를 가만히 기다리시면 매장 폐업하기 전까지는 절대 나지 않습니다.”

　“아… 예….”

　“당구 좋아하세요?”

　당구라는 단어가 제 입에서 나오는 순간 사장님의 표정이 변하는 것을 느꼈다.

　“당구요? 제가 350을 쳐요! 얼마나 좋아하는데요! 그런데 제가 장사를 시작하면서 제일 먼저 없어진 게 뭔지 아세요? 당구 친구예요. 이제는 치고 싶어도 같이 칠 사람이 없어요.”

　문제는 친구였다. 그 지극히 개인적인 존재가 10년 동안이나 없었다고 한다. 중요한 건 단순히 당구를 치지 못했다는 게 아니라, 10년 동안이나 개인 시간이 없었다는 점이다. 10년 동안 가족, 직원들, 고객들을 위해서 열심히 사셨겠지만 결국 본인을 위해서 썼던 시간은 없었다. 그 불만과 스트레스가 무의식 속에서 쌓이다 못해 결국 스스로 해소할 수 있는 한계를 넘어섰기에 드러난 것이다.

"사장님, 지금 제일 먼저 하셔야 하는 일이 당구 친구부터 만드시는 겁니다. 이건 제가 제안드리는 게 아니라 진단을 해드리는 겁니다. 반드시 꼭 하셔야 합니다. 아까 말씀드린 것처럼 시간이 나길 기다리면 절대 안 나니까 무조건 내셔야 합니다. 하루에 한 시간이어도 되고, 일주일에 두 시간이어도 좋습니다. 아르바이트 근무시간을 2~3시간만 늘려도 지금보다는 분명히 시간을 만드실 수 있을 겁니다. 그 시간에 무조건 꼭 당구를 치셔야 합니다."

"아, 예. 알겠습니다."

그 사장님은 이미 스스로 이상 징후를 감지하고 있었다. 그리고 징후에 대한 진단에 동의하셨기에 희망이 있다. 당장 쉽게 달라지기에는 조금 더 용기가 필요할지 모르지만, 다시 그런 징후를 스스로 인지하고 점점 더 심각해진다고 느껴진다면 분명히 자신을 위한 시간을 내시게 될 거라 생각한다.

공허증후군은 누구에게나 올 수 있다. 최고의 인기를 누리던 스타가 그 모든 것을 허망하게 느껴지거나, 돈만을 위해 열심히 살아온 갑부가 인생의 허망함을 느끼는 것도 같은 종류의 감정이다. 다만 그중 자영업자들에게 그 심각성이 크다고 생각하는 점은 바로 환경 때문이다. 대중에 인기를 받는 스타들은 그 화려한 조명과 높은 수익이 그 스트레스를 가려주거나 참게 해줄지도 모르고, 모든 걸 이룬 갑부들은 그 부를 누리는 것으로 위안을 삼을 수도 있을 것이다. 하지만 대한민국에서 자영업자로 산다는 것은 그 어떠한 특수 상황과도 비교할 수 없는 다른 세상에서 사는 것과도 같다고 말할 수 있다.

내가 느낀 가장 큰 차이는 바로 생활 패턴이다. 보통 직장인의 생활은 출근시간과 퇴근시간을 중심으로 이루어지기 마련이다. 우리나라의 사회 전반적인 시스템은 그 시간을 중심으로 구성되고 움직일 수밖에 없다. 결국 자영업자들도 그 시간에 맞춰지는데, 출근과 퇴근 스케줄에 맞추려면 적어도 1~2시간은 더 일찍 준비하고 1~2시간은 더 늦게 들어가야 한다.

공허증후군을 극복하기 위한 가장 좋은 방법은 개인적인 시간을 갖는 것이며, 개인적인 시간을 효과적으로 보내는 방법은 친구와 함께하는 것이다. 하지만 이 표를 보면 자영업자는 친구를 만들 수 없고, 특히 직장 생활을 하는 친구와는 만날 수가 없다. 대부분의 직장인은 평일 여가 시간을 부담스러워하기 때문에 중요한 모임이나 약속은 다음날 부담이 덜한 금요일이나 토요일에 잡는다. 그런데 같은 논리로 그 시간이 자영업을 하는 사람에게는 가장 바쁜 시간이다. 결국 자영업자는 직장 생활을 하는 친구와는 만나는 일이 불가능할 수밖에 없으며, 무리를 해서 만난다고 해도 그들의 마음은 일이 바쁠 매장에 있을 수밖에 없는 상황이다.

같은 자영업자끼리 모임을 갖는 방법도 있지만, 역시 기본적으로 어려움이 많다. 표에서 나타나는 것처럼 업종에 따라 영업시간, 준비시간에 큰 차이가 있을 뿐만 아니라 운이 좋아 같은 업종을 운영하는 친구들이 있다고 해도 직장인 중심으로 짜인 영업 스케줄 때문에 그들이 함께할 문화에는 선택의 폭이 너무 좁다. 즉 자영업자에게 친구는 가장 사치스러운 존재가 될 수밖에 없다.

나의 경우는 정도가 덜한 편이이었다. 스스로 체력관리만 잘한다면 친구를 자주 만날 수 있는 환경이었기 때문이다. 창업의 목적 자체가 학업이었기 때문에 영업시간 이외에는 친구들과 보낼 수 있었다. 또 가끔은 가게로 불러서 술이라도 한잔 하다 보면 적어도 친구에 대한 갈증은 적정히 풀어갈 수 있었기 때문이다. 또 함께한 동업자들이 어린 시절부터 함께해온 친구들이다 보니 열심히 영업하던 처음 1년까지는 오히려 친구들과 재미있는 시간들을 보냈다고 추억할 정도였다.

하지만 문제는 다른 친구였다. 그 친구에게는 사회적인 단절이 오기 시작했기 때문이다. 주방을 담당하던 그 친구는 매일 시장을 보고 영업을 준비하는 일과 주방을 관리하고 마무리 청소를 하는 일이 일과의 대부분이다 보니, 결국 하루 중에 사람들을 만날 시간도, 만날 수 있는 사람들도 한정적일 수밖에 없었다. 직접 소통을 하는 사람들은 시장 거래처나 주방 직원들뿐이었다. 20대 중반의 청춘에게는 갑갑할 수밖에 없었다.

그런 상황에 있는 친구에게 나는 함께하는 친구이자 동료라기보다는 상대적 박탈감을 주는 사람이었고, 점점 골이 깊어갈수록 차라리 부딪치지 않는 것이 편한 존재가 되어갔다.

자영업자들에게 찾아오는 공허증후군은 친구라는 가장 효과적인 치료법을 사용할 수 없기에 상대적 박탈감까지도 생길 수 있다. 하지만 '그러니 결코 자영업을 하면 안 된다'는 말을 하려는 게 아니다. 내가 목격한 사장님 중에선 그 공허증후군을 멋지게 이겨낸 분들이 있었기 때문이다.

그날도 사장님을 대상으로 한 교육을 진행하고 있었다. 교육 중에 한 중년의 여자 사장님이 자신의 이야기를 털어놓았다.

"행복에도 치열한 노력이 필요합니다. 가만히 있다 보면 절대 행복해질 수 없습니다. 무엇인가 스스로 행복해질 수 있는 방법을 치열하게 찾아내고 그 방법을 열심히 실행하셔야 합니다."

"맞아요. 잘 찾으면 확실히 효과가 있더라고."

"예? 사장님? 뭐가요?"

"그 스트레스 푸는 거요. 내가 매주 수요일 오전에는 항상 구청 문화센터에 가서 고전무용을 배우는 데 아주 좋아요. 스트레스가 확 풀려."

"아, 그러세요? 진짜 좋으시죠? 매주 나가세요?"

"매주 나가려고 하지. 근데 솔직히 수요일 아침만 되면 침대에서 100번을 고민해. 갈까 말까, 갈까 말까. 그래도 크게 마음을 먹고 힘들게라도 한번 가고 나면 기분이 확 좋아져. 내가 가자마자 화장을 곱게 하고 예쁜 한복으로 싸악 갈아입거든. 그러고 나서 이렇게 돌면서 춤을 추면 스트레스가 아주 싹 다 풀려."

"안 피곤하세요?"

"피곤하지, 왜 안 피곤해? 그런데 막상 그렇게 춤을 추고 나서 싹 씻고 매장에 가잖아. 그럼 그날은 하루 종일 기분이 개운하고 좋아. 그래서 손님들한테도 더 잘하게 된다니까."

이건 한 개인의 취향이자 의견이고, 그 어떤 과학적 근거나 분석 데이터가 존재하는 건 아니다. 다만 참고가 될 만한 사례인 것은 분명하다. 이성적으로 생각한다면 그 중년의 여자 사장님이 오전에 문화센터를 나가는 것은 현명한 선택일 수는 없다. 그 사장님의 매장은 지방에 위치한 안정적이지 않은 상권이었고, 직원들에게 매장을 믿고 맡겨도 될 만큼 신뢰가 쌓인 상황도 아니었다. 그 사장님은 매일 11시에 출근해서 영업준비를 해야만 하고, 하루 종일 종업원들과 고객들과 씨름을 해야 하는 상황이었다. 그렇다면 수요일 오전 시간은 더 바빠질 금·토·일요일을 대비해 휴식을 취하는 것이 현명한 선택일 것이다.

하지만 그 사장님은 자신을 위해 고전무용을 선택했다. 그로 인해 더 피곤해지고 힘들어진 게 아니라 무엇인가 활기가 되어 긍정적인 결과를 만들어낼 수 있었다. 위에 말한 것처럼 내가 영화나 미국 드라마를 봤는데 아무런 감흥 없이 시간을 보낼 뿐이었다. 이 두 가지 사례를 보면 우리가 공허증후군을 이겨낼 방법을 찾을 수 있을 것이다.

공허증후군은 자영업자라면 모두가 겪는 당연한 증상이 아니다. 내가 알고 있는 한 사장님은 아주 뚜렷한 목표를 갖고 있다.

1. 1년 안에 월 매출 2억원 달성
2. 3년 안에 2호점 오픈
3. 5년 안에 5호점 오픈
4. 10년 안에 10개의 매장을 운영하고 가족과 세계일주

그 사장님의 목표에는 함께하는 모든 사람이 포함된다. 늘어가는 매장 점장들은 함께 일하는 직원 중에서 선발하고 목표를 공유한다. 그래서 더 열심히 노력하고 고객에게 친절하게 응대한다. 마지막 목표는 사랑하는 가족들과의 세계일주이기 때문에 가족들에게도 항상 이야기하고 거실에 커다란 세계지도를 걸어놓았다.

사장님의 개인 시간은 아침마다 가까운 산을 오르는 것으로 채우

고 있다. 어떻게 보면 지어낸 인물처럼 이상적인 자영업자의 상 같지만, 현재 열심히 자영업을 하고 있는 사장님의 이야기다. 아마 이 이야기가 진짜 드라마 같으려면 그 사장님이 아주 높은 매출을 올리고 있고, 그 목표를 한 단계씩 이뤄내서 정말 세계일주를 떠나는 것으로 엔딩을 써야 할 것이다.

하지만 아쉽게도 모든 일이 그 사장님의 계획대로 순조롭게 진행되지 않는다. 몇몇 직원은 사장님의 비전을 농담으로 치부하기도 하고, 오래 함께하기로 한 직원이 중간에 그만두기도 한다. 가족들도 불만을 토로하기도 하며, 사장님 본인도 몇 달씩 등산을 빼먹기고 술을 마시기도 한다.

하지만 목표를 세우고 그 계획을 실천하는 것이 중요하다. 나쁜 증세가 있다는 걸 알고 고칠 수 있는 방법을 안다는 것 자체로서도 이 힘든 자영업을 계속 운영할 힘을 낼 수 있다.

03

공평함의 오류

잘 기억나지 않는 드라마였지만 아직도 잊히지 않고 나에게 큰 영향을 미치는 장면 하나가 있다.

한 남자가 억울한 일을 당했는지 다른 남자에게 이런저런 넋두리를 풀어 놓는다. 그리고 그 마지막쯤에 울먹이며 이런 말을 한다.

"세상은 왜 공평하지 않은 거죠?"

그러자 다른 남자가 잠시 그 남자를 바라보다 다시 흘러가는 강을 보며 이렇게 얘기한다.

"세상이 공평할 이유가 없잖아."

이 말은 한참 나에게 엄청난 충격이었다. 생각해 보면 이 세상이 공평할 이유는 하나도 없다. 그 드라마는 거창한 인생 이야기였을 것이다. 아마 커다란 차별에 막혀서 굉장히 억울했던 주인공의 넋두리였겠지만, 이 명대사는 생각보다 많은 곳에 적용이 가능했다.

우리가 창업을 함에 있어 가장 중요한 가치는 어쩌면 공평일지도 모른다. 우리 매장을 찾는 모든 고객들에게 동일한 서비스나 제품을 제공하는 것. 프랜차이즈라면 더더욱 통일성·표준화의 기준을 지켜야만 할 것이다.

그런데 나는 아무리 생각해도 고객에게 공평해야 할 이유를 모르겠다. 모든 고객은 고객들만의 특성을 가지고 있고 그들만의 취향을 가지고 있다. 그렇다면 최고의 혜택은 그들이 원하는 것을 그들에게 맞는 것을 제공해 주는 것이 당연한 답이기 때문이다.

고객은 모두 다르다. 우리 매장을 찾아주는 목적을 같지만 그 목적을 가진 대상들이 차이가 나기 때문에 무엇인가 정형화된 시스템으로는 모두를 만족시키기 어렵다. 즉, 고객들마다의 특성을 분석해 그들에게 맞는 차별화된 서비스를 제공한다면 우리는 고객을 만족시킬 수밖에 없다.

하지만 지금 이 글을 읽는 순간 아마 모두 비슷한 생각을 할 것으로 생각된다.

"말이 쉽지."

지금 내가 이야기하는 것을 실현하기란 여간 어려운 것이 아니다. 들어오는 고객들의 성향을 한방에 파악해서 그에 맞는 서비스를 제공한다는 것도 실제로는 불가능한 일이다. 하지만 완벽하게 고객의 취향을 저격하는 서비스를 제공하기는 어렵지만 적어도 대략적인 파악으로 고객 만족도 향상의 확률을 높일 수 있는 방법은 몇 가지가 있다.

1. 친한 척

고객을 공평하게 대하게 대는 가장 근본적인 이유는 그 누구와도 친하지 않기 때문이다. 우리는 평소에 나와 친한 사람들과 친하지 않은 사람들과의 감정의 교감이 다르다. <u>내가 누군가에게 다른 방식의 교감을 하기 위해서는 그 다름을 먼저 만들어야 한다는 것이다.</u>

그렇다면 우선 친한 척을 해야 한다. 처음부터 아무에게나 먼저 다가가고 친한 척을 하는 오지랖은 아무에게나 있는 것이 아니기 때문에 당연히 친한 척을 하는 것에도 순서와 요령이 있어야 한다.

1) 적극적인 고객

고객이 먼저 큰소리로 인사하고 환하게 웃어주는 고객이다. 이런 고객들은 생각보다 많으며, 어쩌면 장사에 소질이 있는 분들일지 모른다. 이런 분들과 친해지고 가까워지면 내가 필요로 하는 역량을 좀 더 쉽게 얻을 수도 있다. 기본적으로 오픈 마인드이기 때문에 걱정하지 말고 같은 톤으로 받아주기만 해도 된다.

2) 기억이 나는 고객

특별히 노력하지 않았는데도 머릿속에 남아 있는 고객은 실제로 우리 매장의 방문횟수가 꽤 많을지도 모른다. 심지어 이런 고객 중에는 그동안 내가 알아봐주지 않은 것에 대한 섭섭함을 내심 가지고 있는 고객들도 있을 것이다. 그렇다면 내가 먼저 다가가는 효과가 극대화될 수 있다. 이 순간 관계 형성이 된다면 고객의 충성도는 당연히 최상급이 될 수 있다.

3) 아이와 함께 오는 고객

기본적으로 모든 소통을 아이로 시작하면 된다. 부모는 어딜 가나 자신의 아이가 환영받는 것을 좋아하며, 아이를 주제로 이야기하는 것을 즐긴다. 내가 그 아이를 향해서 인사하고 몇 가지를 물어보는 순간 최고의 속도로 친근감이 상승될 수 있다. 보통은 무뚝뚝한 사람들도 아이들에게는 경계가 무너지는 경우가 많다. 스스로 서비스 마인드가 부족하다고 생각하는 사람일수록 시작은 아이들을 향해 말을 거는 것부터 시작하는 것이 좋다.

4) 구매량이 많은 고객

지불금액이 높은 고객은 본인이 이 매장에서 특별한 고객일 것이라는 믿음이 있다. 그리고 그 믿음을 충족시켜 주는 순간 자신을 알아봐준다는 기쁨에 좀 더 쉽게 친근함을 드러낸다. 이 고객이 전에 많이 지불하지 않았을 때는 비슷한 경험이 없다가 지불 금액이 많아지자 매장에서 친근함을 드러낸다고 오해할지라도, 결국은 고객이 스스로 특별한 고객이 되어 대우받았다고 생각해 이 매장의 VIP 고객이 된 느낌을 받게 할 수 있다.

친한 척을 하는 이유는 다른 매장과 다름을 만들어 특별한 감정을 주고, 그 고객들의 정보를 수집함에 있다. 친한 척으로 시작된 고객과의 관계를 통해서 단골 고객으로 유도하고 그들의 정보와 그들과 비슷한 부류들의 특징을 파악하는 것이 중요하다.

2. 그루핑

매장에는 정말 다양한 사람들이 방문한다. 상권에 따라 주 고객층의 구성도 다를 것이다. 주 고객층을 분석해서 특징별로 분류해 관리하는 것이 중요하다.

1) 성별·나이

주요 고객들의 성별 나이에 따른 고객들의 성향이나 주 선택지를 기록하고 관리하면 고객의 추천 요청 시 데이터를 기반으로 좀 더 명확한 추천이 가능하다.

2) 방문 고객의 구성

지역 상권에 따라 혹은 방문 시점에 따라 주로 방문하는 고객의 구성이 달라질 수 있다. 예를 들면 오전에는 남편을 출근시키고 자녀를 등교시킨 주부, 오후에는 학부모 모임이나 대학생 모임, 저녁 시간에는 연인 혹은 가족 단위의 외식, 그 이후에는 회사 회식이나 술자리 등 같은 매장에서도 다양한 고객의 구성이 방문한다. 주로 방문하는 고객구성을 파악하면 미리 대비해 맞춤 서비스를 제공할 수 있다.

3) 구매빈도

프랜차이즈의 경우 가장 중요한 가치는 바로 표준화다. 프랜차이즈를 이용하는 고객은 어디 가서든 그 브랜드의 매장에서 동일한 품질의 서비스를 제공받기를 바라고 매장에 들어서기 때문이다. 표준화는 그 브랜드가 고객에게 하는 약속이다. 고객들은 가끔 '유도리'를 발휘해서 나에게만 좀 더 잘해주면 안 되냐고 요구하기도 하지만, 알고 보면 단순한 문제가 아니다.

한 프랜차이즈 빵집 A매장이 있다. A매장 사장님은 밤식빵에 큰 알밤을 10개씩 넣어서 판매한다. 고객들은 밤이 듬뿍 든 밤식빵을 좋아한다. 하지만 그 브랜드 밤식빵 레시피는 밤 5개가 들어간다. 10개를 넣는 것이 맛은 있지만 밤의 양이 많아서 빵 모양이 쉽게 무너지기 때문이다.

A매장 사장님은 '내가 내 돈 더 들여서 더 맛있게 만드는데, 누가 뭐라고 하겠나?'라는 생각으로 계속 10개씩 넣는 것을 고수했다.

그런데 엉뚱한 곳에서 문제가 불거졌다. A매장 단골고객이 멀지 않은 곳에 있는 B매장에 방문했다가 컴플레인을 걸었다. "이 프랜차이즈에 다른 매장은 다 밤식빵에 밤이 10개 들어 있는데, 왜 여기만 5개밖에 안 들어 있냐"고 B매장 사장에게 따지고 든 것이다.

B매장 사장은 잘못한 것이 없다. 이 브랜드의 표준화 약속을 지켰기 때문이다. 문제는 바로 표준화 약속을 지키지 않은 A매장 사장님이다. 본인은 좋은 마음으로 한 일이지만, 다른 매장을 공격을 한 것이나 다름없게 된다.

프랜차이즈에서 표준화된 시스템은 그 브랜드가 존속하는 힘이다. 그 시스템을 바꾸고자 한다면 스스로 브랜드를 만들어야 한다. 따라서 각 프랜차이즈를 운영한다면 정해진 시스템 안에서 고객을 맞이하고 응대해야 한다. 그렇다면 결국 다시 모든 고객에게 공평해야 한다는 것인데, 시스템 안에서도 고객들에게 공평하지 않게 대할 여지가 있다. 프랜차이즈의 시스템이 이성적인 영역이라면, 각 매장별로 고객에게 감성적인 서비스를 차별화해 제공할 수 있다는 말이다.

감성적인 부분을 이야기하자면 위에서 언급한 '친한 척'은 매장별로 진행할 수 있는 부분이며, 데이터 베이스를 통해 고객의 구매 빈도나 성향을 서비스에 반영하는 것 역시 동일하다. 즉 생각해보면 고객마다 차별해 대응하는 전략은 기본적으로 제공해야 할 제품이나 서비스의 영역이 아니다.

고객에게 맞춤 서비스가 불가능하다고 말하는 사장님이 많다. 하루에 찾아오는 고객 수가 결코 적지 않은데, 그들의 니즈를 하나하나 맞춘다는 것은 아무리 그루핑을 해 반응한다고 해도 여간 어려운 것이 사실이다. 하지만 감성적인 영역에서는 다르다. 고객과의 관계를 다르게 만들어가는 일이고, 시스템을 바꾸는 것이 아니기 때문이다.

물론 결코 쉬운 일은 아니다. 하지만 직접 매장을 운영해본 결과, 모든 고객과의 관계를 공평함으로 규정하고 일반적인 응대를 하는 것보다는, 고객 한 명 한 명을 기억하고 관계를 만들어가는 것이 훨씬 재미있다. 매장에 방문하는 모든 고객이 반가운 손님이 될 수 있기 때문이다.

프랜차이즈 사업에 종사하다 보면 가장 특이한 고객은 동일 브랜드의 매장 중에도 특정 매장을 고집하는 경우다. 거리상 더 가까운 매장이 있어도 더 멀리 떨어진 그 매장을 이용한다. 표준화 된 서비스 이외의 다른 요소가 그 고객에게 영향을 미친다는 증거다.

창업을 할 때 프랜차이즈를 선택하는 이유를 물어보면 '본사가 시키는 대로만 하면 되니까', '내가 뭔가를 더 노력할 필요가 없어서'라고 대답하는 경우가 있다. 하지만 운영하는 사람도, 방문하는 고객도 사람이기 때문에 감성적인 부분이 많은 영향을 미친다. 사업은 관계를 만들어가는 것이 중요하다.

3. 고객 정보 관리

단골 고객의 정보도 당연히 기록하고 관리해야 하지만, 일반 고객의 특별한 주문 역시 메모 관리할 필요가 있다. 매장에서 관리해야 할 사항을 정리하면 이렇다.

고개 분류	관리 항목
충성고객	주로 주문하는 메뉴, 주소, 가족관계 등
독특한 고객	· 독특한 스페셜 오더 · 대량 주문 고객 · 까다로운 요구 사항 등
불만고객	· 불만을 표현한 고객의 성향 · 불만처리 후 재방문 시 동일한 실수를 반복하지 않도록 주의
특정 세대	· 상권 내 주 고객층 · 방문율이 낮은 특정 고객층(노년층, 외국인 등)

04

밥의 중요성

따로 살고 계신 어머니께 전화를 드리면 항상 마지막에 하시는 말씀이 있다.

"밥 잘 챙겨 먹고 다녀라. 끼니 거르지 말고 꼭 잘 먹고 다녀라."

아마 오랜 세월 함께 살던 아들이 혼자 외지에서 생활하다 보니 직접 밥을 해주지 못하시니 하시는 말씀일 것이다. 하지만 내가 다니고 있는 회사는 삼시 세 끼를 모두 제공해주는 곳으로, 어머니께는 죄송하지만 집에서 다닐 때보다 더 잘 챙겨먹고 있다. 심지어 다른 회사와는 다르게 구내식당에 큰 비중을 두는 곳이기 때문에 비교적 좋은 식재료만 쓰고 조리에도 더 많은 정성이 들어간다. 이런 말씀을 몇 번이나 드려도 우리 어머니는 3년째 계속 같은 말로 전화를 끊으신다. 하지만 나는 지금의 이 마음이 제일 중요하다고 생각한다.

우리는 일반적으로 아침·점심·저녁 1일 3식의 기본 생활 패턴을 가지고 있다. 하지만 생각해보면 끼니를 챙겨먹는다는 게 여간 어려운 것이 아니다. 직장 생활을 하다 보면 바쁘다는 핑계로 아침을 거르는 것은 다반사이고, 점심은 동료들과 함께 먹더라도 저녁은 야근 중에 대충 때우거나 술안주로 대신하는 경우도 많고, 다이어트를 이유로 일부러 거르기도 한다.

내가 왜 이렇게 밥에 대한 이야기를 구구절절 하게 풀어놓느냐하면, 내가 가장 끼니를 못 챙겼던 시기가 바로 자영업을 할 때이기때문이다. 자영업을 하는 많은 사장님들이 끼니를 잘 못 챙긴다고호소하기도 한다. 보통 내 장사, 내 사업을 하면 자유롭게 내 시간을 활용할 것으로 생각하기 쉽다. 또 외식업을 한다면 당연히 식사걱정 없이 식당 메뉴는 질리도록 먹지 않겠느냐고 생각한다. 하지만 자영업에 대한 오해들이다.

외식업 자영업자들은 대부분 자신이 파는 음식을 식사로 하지 않는다. 이유는 아주 간단하다.

첫째, 팔아야 한다. 오늘 고객일 얼마나 방문할지 모르는데 판매가 준비된 식재료를 소진할 수 없다.

둘째, 이미 질렸다. 제품 개발 혹은 점검 단계에서 이미 많이 먹었다. 많이 먹지 않았다고 해도 이미 매장에 계속 있는 것만으로도 냄새에 질리기 마련이다.

셋째, 단가가 비싸다. 고객에게 판매하기 위한 제품이기 때문에 원가율이 높기 쉬우며, 이미 수공이 들어간 경우도 많다.

이런 다양한 이유로 그 매장에서 판매하는 메뉴를 식사로 하지 않는데, 먹는 경우가 있긴 하다.

그 먹는 경우란 첫째, 식자재의 유통기한이 지났을 때다.

둘째, 조리 중 이상이 생기거나, 고객이 제품의 품질이 마음에 들지 않아 반품을 한 경우다.

셋째, 들어온 주문이 취소되거나 주문에 착오가 있을 때다. 이런 경우 재판매는 어렵다.

즉, 외식업체 자영업자는 판매하는 메뉴를 식사로 하는 경우는 많지 않으며, 먹더라고 대부분 식사를 위해 따로 마련된 게 아니라 팔지 못하는 식재료를 처리하는 경우가 많다.

자, 이제 밥에 대한 이야기를 본격적으로 해보자. 많은 자영업자들이 냉장고에 식자료가 꽉꽉 차있는데도 불구하고 밥을 잘 먹지 못하는 경우가 많다. 가장 큰 이유는 시간 때문이다.

시간대	직장인	자영업 (오전 오픈)	자영업 (오후 오픈)
12:00 ~ 01:00	수면	수면	영업
01:00 ~ 02:00			
02:00 ~ 03:00			
03:00 ~ 04:00			
04:00 ~ 05:00			
05:00 ~ 06:00			마감
06:00 ~ 07:00			퇴근
07:00 ~ 08:00	아침식사	여가시간	수면
08:00 ~ 09:00	출근		
09:00 ~ 10:00	오전 근무	출근	
10:00 ~ 11:00		영업	
11:00 ~ 12:00			
12:00 ~ 13:00	점심식사		
13:00 ~ 14:00	오후 근무		
14:00 ~ 15:00			
15:00 ~ 16:00			여가시간
16:00 ~ 17:00			출근
17:00 ~ 18:00			영업
18:00 ~ 19:00	퇴근		
19:00 ~ 20:00	저녁식사		
20:00 ~ 21:00	여가시간		
21:00 ~ 22:00			
22:00 ~ 23:00		마감	
23:00 ~ 24:00		퇴근	

일반 직장인과 자영업자의 시간표는 다르다. 자영업자는 일반적인 아침·점심·저녁 구분의 식사는 아예 불가능할 뿐만 아니라, 세 끼를 잘 챙겨먹는 것 자체가 어렵다.

나의 경우 기본적으로 기상시간이 오후였다. 오후 2시쯤 일어나면 밥을 먹기보다는 집안일이나 개인 용무를 봐야 한다. 어영부영 시간을 보내면 바로 출근할 시간이 오고, 오픈시간에 쫓기게 된다. 일반적인 직장인의 경우 개인 볼일은 퇴근 후에 한다. 운동을 다닌다거나 쇼핑을 하는 경우인데, 여유가 있진 않아도 시간에 쫓기지는 않는다. 왜냐하면 퇴근을 했기 때문이다.

개인적인 시간이 필요하다면 가장 먼저 포기하는 것이 바로 식사시간이다. 그러다 보니 식사시간의 여유는 바랄 수도 없다. 그래서 자영업자가 되면 굶는 일이 흔하다. 제때 밥을 먹는 것은 고사하고, 배가 고프고 고파서 더 이상 견디기 힘들 때 허기를 반찬으로 허겁지겁 먹는다. 식사시간은 보통 10분 이내이며 뭘 먹었는지 기억할 수도 없을 만큼 급하게 해치는 경우가 많다. 그나마도 보통 오픈 준비가 끝나고 손님이 오기 직전에 잠깐의 짬에 먹는 경우가 많고, 손님이 오기 시작하면 그마저도 남기기 일쑤다.

한창 매장이 바쁜 시간대에는 슬슬 허기를 느끼게 된다. 손님들이 좀 빠지고 어느 정도 정리도 되면 그때 식사를 해결한다. 아직 매장에 손님이 있는 경우가 대부분이어서 다 같이 식사하는 건 안 되고 번갈아가며 먹기 때문에 눈치를 보며 빨리 먹을 수밖에 없다. 이마저도 갑자기 단체 손님이 들어오거나 주문이 밀리면 낭패다. 겨우 허기만 달래고 다시 일을 하고 마지막 손님이 나가고 마감까지 하고 나서야 마음 편히 밥 먹을 수 있는 시간이 온다.

하지만 과연 밥을 먹을 수 있을까? 이미 밥보다는 어서 빨리 매장에서 벗어나 침대에 눕거나 밥보다는 시원한 맥주가 생각나는 시간이기 때문이다.

밥은 중요하다. 정말 중요하다. 이렇게 밥을 강조하는 이유는 아주 간단하다. 장사도 잘되고 돈도 잘 버는데 건강을 해쳐서, 자기가 키운 매장을 눈물 흘리며 매매하는 자영업자들을 수없이 봐왔기 때문이다. 장사가 잘되는 매장일수록 자기 건강을 챙기지 못하고 열심히 일만 했던 경우가 많다.

자영업자가 건강이 망가질 때 초기단계가 바로 위염이다. 불규칙한 데다 심지어 급하게 먹는 식사, 음식의 종류도 영양분을 골고루 섭취할 수 없는 경우가 많으니, 아무리 영양제와 보약을 챙겨먹어도 몸이 망가지기 쉽다. '얼마나 잘 챙겨먹느냐', '얼마나 제대로 먹느냐'가 '내가 이 업을 얼마나 성공할 수 있느냐', '내가 이 일을 얼마나 오래 할 수 있느냐'와 직접적으로 연관된다고 생각하는 것이 좋다.

자영업자를 위한 식사 규칙

1. 시간이 날 때 먹는 것이 아니라 시간을 내서 밥을 먹어라.

2. 배고플 때 먹는 것이 아니라 정해진 시간에 먹어라.

3. 밥은 때우는 것이 아니라 즐기는 것이다. 정말 먹고 싶은 것을 먹어라.

4. 밥 먹을 때 고객이든 직원이든 신경 쓰지 마라. 먹을 때는 개도 안 건드린다.

5. 이 일의 대의명분을 잊지 마라. "다 먹고살자고 하는 일이다."

누군가는 이 글을 보고 속 편한 소리 하고 있다고 비아냥거릴 수도 있다. 하지만 이것은 절대 속 편한 소리가 아니라 생존을 위한 최소한의 조건이다.

이 원칙을 지켜야 하는 또 한 가지 이유는 직원들이다. 밥은 자영업을 하는 사장님들에게만 중요한 것이 아니라 함께 근무하는 직원들에게도 아주 중요한 문제다. 심지어 우리 매장에서 일을 처음 하는 초보 직원들의 경우 먹는 것 때문에 우리 매장을 선택한 경우들도 있다. 예를 들어 빵을 좋아해서 베이커리에 취업을 하거나, 고기 많이 먹으려고 고깃집에 취업을 하는 경우다.

그런 직원들에게 사장의 식사는 꽤 큰 영향을 미친다. 사장이 식사를 잘 못하는데 직원들이 식사를 잘 챙기기는 쉽지 않을뿐더러, 식사를 챙겨먹는 직원이 눈치를 보게 되면 근무 의욕도 떨어질 수밖에 없다. 밥도 제대로 먹지 못하는 곳에서 일할 사람은 많지 않다.

자영업을 운영하는 데 있어 사장과 직원의 식사는 고객과는 전혀 상관없는 별개의 문제로 생각하기 쉽다. 그래서 많은 현장에서 식사는 우선순위에서 밀려나기 십상이다. 하지만 이 문제가 꽤 많은 일에 생각보다 큰 영향을 미친다는 것을 잊어서는 안 된다. 많은 직원이 식사 때문에 퇴사를 하는 경우가 있기 때문이다.

마지막으로 한 가지 사례로 마무리하겠다. 한 베이커리 매장에서 일하는 직원은 근무시간이 아침 7시다. 출근을 하면 먼저 나와 계신 사장님께서 항상 맞이 인사를 이렇게 하셨다.

"어, 왔니? 밥은 먹었어?"

매일 아침 똑같이 묻는 사장님의 질문을 그냥 인사로 여긴 직원은 항상 습관적으로 "예" 하고 대답만 했다. 그러던 어느 날 진짜 아침까지 과제를 하느라 밥도 못 먹고 출근하던 날, "밥은 먹었니?" 하고 인사한 사장님께 "아니요, 배고파요"라고 대답했다. 그러자 사장님이 조용히 나가더니 근처 김밥집에서 김밥 한 줄을 사와서 내밀더란다.

"이거 먹고 해."

직원은 김밥을 받아들고는 고맙지만 미안해서 대답했다.

"그냥 남은 빵 먹으면 되니까 괜찮아요. 고맙습니다."

"그 빵은 식었잖아. 그리고 아침부터 빵 먹으면 속 쓰려. 김밥 먹고 열심히 일해."

김밥 한 줄이었지만 이 직원은 그동안 사장님이 진심으로 자신을 챙겨줬다고 생각하게 됐다. 그리고 그 직원은 대학을 졸업할 때까지 그만두지 않겠고 열심히 일하겠다고 사장님에게 말했다.

잊지 말자. 우리가 하는 모든 일은 다 먹고살자고 하는 일이다. 그러니 잘 챙겨먹고, 잘 챙겨주지 않으면 우리는 아무것도 할 수 없다는 사실을 잊지 말아야 한다.

05

휴식

　창업에 대해 이야기하면서 휴식을 말하는 것은 참 아이러니한 일이다. 창업에 대한 의지가 불타오르는 예비 창업자들의 경우, 자는 시간까지 아껴서 노력해도 모자랄 판에 휴식은 말도 안 된다는 반응이 나오기도 한다. 맞는 말이다. 무엇이든 시작하고 준비하는 과정에 있어 강력한 의지가 너무 많은 것을 가리고 있기 때문에, 지치고 힘들어질 우리의 가까운 미래의 모습이 보이지 않을 수 있다. 그러다 보니 시작 시점에서 가끔 과도한 준비 운동으로 초반 레이스를 망치는 경우가 있다.

　많은 사람이 인생을 마라톤에 비유한다. 하지만 나는 인생은 마라톤과 맞지 않는다고 생각한다. 왜냐하면 그 끝이 정해져 있지 않기 때문이다. TV에서 나오는 마라톤 경기는 참 힘들고 어려워 보이지만 그래도 뛰는 내내 지금 얼마나 가고 있는지, 얼마나 남았는지, 지금 성적이 어떤지 등 많은 정보를 알 수 있다. 진짜 경기가 시작하기 전에 코치와 감독에게 조언과 전략과 그에 대한 훈련까지 마친 뒤에 실전에 들어간다. 그러니 힘들다는 것도, 지옥의 레이스라는 것도 인정은 하지만 감히 인생과 비할 것은 아니다.

인생과 맞물려 있는 창업도 마라톤 따위와 비교할 수 없는 어마무시한 고난의 연속이다. 언제 무엇이 나오는지, 언제 끝날지도 모르게 코스가 이어져 있다.

그러니 페이스 조절이 매우 중요하다. 쉽게 말해 사장은 쉬어야 한다. 그것도 아주 많이 쉴 수 있어야 한다. 내가 창업과 관련된 일을 하면서 가장 안타까워하는 말이 바로 '인건비 따먹기'이다. 매장을 운영하는 사장이 발생하는 매출에서 소요비용을 모두 제하고 나니 자신의 인건비 정도의 순수익만 남은 상태를 말한다.

월 매출 - 임대료 - 원·부자재비 - 인건비 - 고정 지출비

- 매장 시설 감가삼각 = 순이익

이 순이익이 가맹점 사장 혹은 가족의 인건비와 비슷한 수준이거나 낮은 상태라면 이 매장은 운영하면 안 된다. 쉽게 말하면 어마어마한 투자비용을 들이고, 또 그 어마어마한 리스크를 감수하면서

겨우 월급 정도의 수익을 얻을 거라면, 포기하고 비슷한 업종에 취업을 해서 한 업무의 전문가가 되는 것이 훨씬 안정적이고 효율적이라는 뜻이다.

창업의 성공은 경제적인 여유와 심정적인 여유도 함께 성취한 상태가 되어야 한다. 하지만 참 무서운 것은 창업 초기의 열정이다. 창업을 시작하는 그 시기에 열정은 아주 크다. 그러다 보니 무리하면서까지 스스로 해나가고 싶어한다. 그러한 모습에 스스로도 만족한다. 거기에 주변에서 "사장님은 참 열심히 한다"거나 "참 대단하다"라는 말까지 듣기 시작하면 정말 불에 뛰어드는 불나방처럼 미친 듯이 뛰어다니게 된다. 이해는 하지만 절대 하지 말아야 하는 일이다.

가맹점을 여러 개 운영하며 나름의 성공을 이루고 있던 한 사장님과 인터뷰를 한 적이 있다. 이런저런 노하우를 물어보다 마지막 질문으로, '지금 힘들어하는 다른 사장님들께 한 말씀하신다면'이라는 질문에 이렇게 대답했다.

"사장은 피곤해서는 안 됩니다. 그러면 머리가 돌아가지 않아서 내가 해야 할 생각을 하지 못합니다. 사장은 매장의 발전과 미래를 위해 많은 것을 생각하고 준비해야 하는 역할을 담당하는 사람인데, 그런 사람이 피곤해서 아무런 생각도 하지 못하는 건 직무유기입니다."

이 말은 당시 내게 충격이었다. 왜냐하면 기본적인 가치가 달랐기 때문이다. 사장은 경영자다. 노동자가 아니라 노동자가 노동을 더 잘할 수 있도록 더 좋은 환경을 만들고, 같은 양의 노동에도 더 좋은 성과를 만들 수 있도록 시스템을 이끄는 사람이다. 그러니 사장이 생각을 하지 못한다면 무엇인가 크게 잘못되고 있는 것이다.

사장이 쉬는 것은 단순히 종업원들만 일을 시키고 맘 편히 놀러 다니는 것이 아니라 경영자로서 역할을 다하기 위해서 충전하고 고민하고 노력하는 시간이다.

업무 순위	사장	종업원
1	마케팅	매장 운영
2	매장 관리	고객 응대
3	고객 관리	환경 정비
4	직원 관리	사전 준비
5	재정 관리	

이렇게 나열했을 때 사장이 해야 할 일은 대부분 머리를 쓰는 일이다. 그래서 사장의 정신적인 건강이 매우 중요하다. 단순히 생각해도 사장은 어떤 순간에도 웃어야 한다. 고객에게도 직원에게도

그 매장에 있는 모든 시간 사장은 그 감정을 조절해야 하면 그걸 바탕으로 직원의 감정도 조절해야 한다. 그런데 사장이 몸과 정신이 피곤하고 지쳐 있다면 기본적인 운영 자체가 힘들어질 수밖에 없다.

게다가 대부분의 매장에는 단기적으로 6개월, 1년이 아닌 장기목표가 있을 것이다. 언제까지 이 레이스를 해야 할지 모르는 상황이기에, 몸과 마음의 컨디션을 잘 점검해야 한다.

이때 가장 위험한 경우는 바로 부부경영이다. 남녀이자 아빠와 엄마, 남편과 부인으로 분명 아주 다른 위치와 상황임에도, 보통 같은 기준으로 노동 강도를 평가하고 휴식을 관리한다. 그렇다면 개개인의 신체적 심리적 상태는 균형 있게 관리될 수 없는 게 당연하다. 그 상태를 유지하다 누가 먼저 쓰러지기라도 하면 나머지 한 사람이 두 명분의 노동을 모두 감내해야 하는 일도 발생한다.

매장을 운영하는 데 필요한 필수 인력을 계산하고, 인원을 구성할 때 필수 인원에 사장은 배제해야 한다. 최악의 경우는 이런 구성이다.

매장 필요 인력: 10명

실제 배치 인원: 8명

사장 부부: 남편 – 홀 / 아내 – 주방

만약 이 매장의 경우 홀이나 주방에서 예상치 못한 사고나 직원의 결근으로 공백이 생기면 감당할 수 있는 방법이 없다. 따라서 매장운영에 문제가 발생했을 때 그 피해는 고스란히 고객의 몫이 된다.

매장 필요 인력: 10명

실제 배치 인원: 10명

사장 부부: 남편 – 카운터 및 마케팅 홍보 /

　　　　　아내 – 주방 관리 및 신메뉴 개발

이런 경우 위에서처럼 사고나 직원의 결근이 생겨도 사장 부부가 공백을 메울 수 있다. 평상시에는 매장 운영을 관리해서 더 새로운 시도를 고민하고 연구할 여력이 생긴다.

매장을 여러 개 운영하던 사장님 한 분은 이런 말씀을 하셨다.

"보통 다른 사장님들은 매출이 오르면 직원들을 늘리겠다고 말씀하십니다. 그런데 쉽지 않아서 실행하지 못하는 분들이 많지요. 하지만 저는 반대로 직원을 더 뽑으면 매출이 오른다고 말씀드립니다. 직원들이 넉넉하게 있고, 그 직원들을 잘 관리하면 매장의 장점이 더 살아나서 고객들이 자연스럽게 늘어가더라고요."

사장은 쉬어야 하고, 직원은 더 뽑아야 한다. 사장은 매장이 돌아가는 상황을 객관적으로 살피고, 바꾸고 개선해야 할 것도 바로바로 실행해야 한다. 사장이 사장의 역할을 제대로 수행할 수 있을 때 매출은 늘고 미래가 밝아진다.